전도로 부흥하는 교회 만들기

1) 진단하기 : 교회의 현재 상태를 진단하고 맞춤형 전도 방법 제시
지속적으로 전도가 되지 않거나 지쳐 있는 상태
전도를 하는데 출석수가 늘지 않는 상태
교역자와 성도가 서로를 탓하며 핑계를 대는 상태

2) 원리 제시 : 사람의 욕심이 아닌 하나님의 심정으로 영혼을 귀히 여기는 가치관 세우기
전도의 동력 : 목회자 중심에서 교인 중심으로 전환하기
전도의 방법 : 설교를 통한 변화와 다양하고 쉬운 전도 방법 제시
전도의 목적 : 하나님 아버지의 마음을 알아 질적이고 양적인 부흥 이루기

3) 방법 찾기 : 개인 중심 〈 팀 사역을 통한 관계 확대 〈 영향력 있는 지역 · 일터 섬김
식어진 전도 열정, 어떻게 열정을 불어넣을 것인가?
단절된 관계, 어떻게 관계를 넓혀갈 것인가?
개인 중심에서, 어떻게 팀 사역 중심적으로 확대할 것인가?
교회 주변에서, 어떻게 지역 · 일터로 확장할 것인가?
현 세대 중심에서, 어떻게 다음 세대 중심으로 초점을 맞출 것인가?

4) 코칭하기 : 어떻게 우리 교회를 전도 중심 교회로 만들 것인가?

이 책의 활용 방법

이 책은 전도 특공대 훈련과 전 교인을 대상으로 하는 전도 훈련용으로 사용하였습니다.

먼저 첫 시간은 이 책에 실려 있는 설교를 통해 전도의 열정을 불어넣고 한 영혼 사랑하는 주님의 마음을 갖도록 하는 데 중점을 두었습니다. 둘째 시간은 다양하게 제시한 전도 방법들을 배우고 익히고 훈련하여 현장에 직접 나가 실습하도록 되어 있습니다. 단기간에 활용할 수 있는 방법도 있고 장기간에 걸쳐 꾸준히 진행하는 방법도 있습니다. 끝으로 새가족 정착을 위한 강의는 현재 교회에서 진행하고 있는 내용을 실었습니다.

전도로 부흥하는 교회 만들기

| 김재영 지음 |

쿰란출판사

추천의 글

성안교회 전도학교에서 사용하던 교안이 책으로 만들어져 더 넓은 복음의 현장에서 쓰임 받게 됨을 축하드립니다. 사도행전 2장 43-47절 말씀은 주님이 승천하시고 탄생한 초대 교회가 이 땅에서 갖는 사명이 무엇인지 우리에게 보여줍니다.

교회의 가장 큰 존재 목적은 선교입니다. 교회는 심령을 구원하기 위해 주께서 세워주신 것입니다. 멸망 받을 사람을 하나님 전에 데리고 와서 생명을 얻게 하는 데 교회의 목적이 있는 것입니다. 그래서 주의 교회는 많은 심령을 구원하는 방주가 되어야 합니다. 심령을 구원하지 아니하는 교회는 마치 고기를 잡지 못하는 배와 같습니다. 기능을 상실한 것입니다. 선교는 주님 앞에 바로선 교회의 근본적이고 절대적인 사명인 것입니다.

주님은 사거리로 가서 사람을 데려다가 내 집을 채우라고 말씀하셨습니다. 아버지의 집은 부흥해야 합니다. 내 입장에서 생각하면 안 됩니다. 교회가 부흥하면 주님께서는 매우 기뻐하십니다. 승천하시기 전에 "너희가 권능을 받고 예루살렘과 온 유대와 사마리아와 땅 끝까지 이르러 내 증인이 되리라"(행 1:8)고 주님은 말씀하셨습니다.

이것은 가까이 있는 사람은 물론 멀리 있는 사람도 전도하라는 말씀입니다. 그 지역을 전도하고 그 민족을 복음화하고 더 나아가서는 세계 땅 끝까지 이르러 복음을 전파하라는 것입니다. 이것은 교회가 맡아야 하는 것입니다. 성도가 하는 것입니다. 오늘 우리가 할 일은 복음을 땅 끝까지 전하는 것입니다. 우리가 복음을 다 전하고 나면 주님께서 재림하신다는 것이 성경에 나옵니다. 복음은 전파되어야 합니다. 복음을 듣고 나오고 안 나오는 것은 자유이지만 전하는 것은 우리의 사명입니다. 증거의 사명이 우리 성도들에게 있는 것입니다.

복음은 참으로 귀합니다. 복음은 가는 곳마다 빛이 됩니다. 생명이 됩니다. 죽은 사람을 살리는 것입니다. 한 사람, 두 사람 주의 전에 나올 때 우리가 생각하는 것 이상으로 하나님 나라에서는 기쁨이 있게 됩니다. 누가복음 15장에 한 사람의 죄인이 회개하면 의인 99명보다 더 기뻐하신다는 말씀이 나옵니다. 우리는 선교의 열매로 기뻐해야 합니다. 사람의 영혼을 구원하는 그 열매로 우리 교회가 은혜를 받아야 하는 것입니다. 전도하지 않으면 개인적으로도 성장하지 못합니다. 전도 속에서 자기 믿음이 자라납니다.

이 책은 김재영 목사님께서 성안교회 성도들을 26주간 전도훈련하신 경험을 바탕으로 전도에 관해 실제적이고 구체적인 내용을 담은 귀한 책입니다. '전도가 안 된다, 교회가 안 된다' 라는 시대에

부흥의 물결을 일으킨 축적된 경험이 담긴 귀한 책입니다. 목회자들이, 학생들이 이 책을 통해 직접적인 복음의 열정을 경험하고 도전을 받기를 바랍니다. 땅 끝까지 이르러 내 증인이 되라는 말씀이 이 책을 통해 이뤄지고 한국교회에 다시 한 번 부흥의 물결이 일어나길 기도하며 《전도로 부흥하는 교회 만들기》를 읽으시는 모든 독자들이 복음의 증인으로 거듭나길 기도합니다.

2012년 8월 20일

명성교회 당회장 김삼환 목사

추천의 글

이화학당을 세운 스크랜튼(Mrs. Mary F. Scranton)은 "한국인들은 좋은 것을 절대로 혼자서 가지지 않는다. 한국인 한 사람을 개종시키면 틀림없이 3~4명은 따라서 개종한다"고 말하였습니다. 뿐만 아니라 언더우드(Mr. Horace G. Underwood) 목사도 1901년에 한국 교회의 특징을 세 가지 말하면서 "사도적 교회, 자비로운 교회, 기도하는 교회"라고 하였습니다. 그리고 한국 교회 교인들은 세례를 받기 위한 최소한 9가지 훈련을 거쳐야 했는데, 그 가운데 하나가 "3~4명을 전도하여 교회로 인도할 것"이었습니다.

한국 교회의 특징 가운데 하나는 가족 단위, 마을 단위의 집단 개종이었으며, 이러한 개종은 한 사람의 개종자가 이루어낸 헌신의 결과였습니다. 군산의 궁말교회, 여수 우학리교회는 부락 주민 전체가 "개종 결의서"를 만들어서 인편으로 선교사들에게 보내기도 하였습니다.

그렇기 때문에 언더우드 선교사는 최초로 세례교인을 얻는 데 필요한 시간을 언급하면서 '중국에서는 수십 년(scores of years), 일본에서는 6년, 한국에서는 1.5년 정도라고 하였습니다. 그리고 교회로 발전하는 데에 중국에서는 100년, 일본에서는 12년 그런데 한국에서는 2년도 채 걸리지 않았으며 또한 선교 20주년에 40,000명의 성찬 교인이 있다'고 하였습니다.

"한국인들은 좋은 것을 혼자서 가지지 않는다"는 칭찬은 오늘날

한국 교회에서 다양한 전도 이론으로 발전하여 교회 성장에 이르게 하였습니다. 근래에 이르러 전도 이론은 다양한 갈래로 나누어짐으로써 교회에서는 어떠한 이론을 채택할지 모를 지경에 이르렀습니다.

김재영 목사의 저서 "성안전도학교 교안"은 선교사들과 선배 신앙인들의 전도자적 삶을 토대로 한 다음에, 서구 교회 지도자들의 전도 이론과 방법을 비교 분석함으로써 앞으로 한국 교회가 나가야 할 방향을 제시해 주고 있습니다.

특히, 초기 선교사들이 그랬던 것처럼 선교적 현장에서 청중의 마음을 결정시킬 수 있는 다수의 선교적 전도적 설교문을 게재함으로써 목회 현장 혹은 선교 현장에서 직접적으로 사용할 수 있는 좋은 지침서가 되었습니다.

그뿐만 아니라, 현재 한국 교회가 사용하고 있는 각종 선교, 전도 이론을 집대성하여 제시하고, 분석하고, 평가함으로써 각 교회와 목회자 자신의 처한 상황에 따라 장단점을 파악하여 사용할 수 있도록 하였습니다. 그리하여 하나의 이론이 각 교회의 다양한 상황에서 더욱 활성화될 수 있도록 하였습니다.

현재 한국 교회는 발전이 주춤해질 뿐만 아니라 외부적으로 다양한 장애 요인을 넘어서야 합니다. 그러한 면에서 교회 내에서는 구성원들의 선교, 전도적 열정을 되살리고, 교회 밖으로부터 오는 다양한 거부 운동을 슬기롭게 대처할 수 있는 좋은 방안을 얻어야 합니다. 이 책은 이러한 점을 충족시켜 줄 수 있는 좋은 지침서입니다.

김재영 목사는 1984년부터 힘들고 어려운 개척자의 길을 가면서 오늘날 5,000여 명의 대 교회로 성장시킬 수 있었던 원동력은 "선교=전도" 이 열정 그것뿐이었습니다. 한 사람의 영혼을 천하보다 더 귀하게 여기는 그 충성이 그 에너지였습니다. 이제 한국 교회가 김재영 목사의 지난 28년 동안 목회자로서의 삶을 이 책에서 보게 된다면, 하나의 희망과 방향을 찾을 수 있을 것입니다.

바쁜 목회 일정 가운데에서 이 책을 집필하는 데 많은 시간을 내야 했던 김재영 목사의 목회적 열정과 부지런함을 부러워하면서, 그의 삶이 한국 교회 목회자들에게 좋은 본보기가 되기를 바랍니다.

2012년 8월 20일

호남신학대학교 총장 차종순 목사

머리말

한 교회의 탄생을 위해 주님의 피 흘리신 십자가의 고난과 희생의 밑거름이 얼마나 많이 필요한지를 뼈저린 경험들을 통해 알게 되었습니다. 교인이 없는 교회는 존재의 의미가 없었습니다. 새벽기도는 혼자 해야 했고, 교육, 설교도 심방도 할 수 없었습니다.

그래서 저는 자연스럽게 전도에 관심을 가지게 되었고 하루의 모든 시간을 전도에 투자하였습니다. 전도는 하루도 거르지 않고 매일매일 이루어졌습니다. 가가호호 아파트 문을 두드리며 아침부터 저녁까지 열심히 전도하였습니다. 열정이 있었기 때문에 피곤함도 없었고 지칠 줄도 몰랐습니다. 오직 한 가지 소원인 교회 부흥의 목표를 가지고 밤과 낮을 잊은 채 전도에 전념하였습니다. 주님은 저를 긍휼히 여기시어 교회는 점점 부흥을 이루게 되었습니다.

또 하나님께서 천하보다 귀하다 말씀하신 한 영혼의 소중함을 깨닫게 하셨습니다. 목자가 길을 잃고 헤매는 양을 찾아, 그 양을 가슴에 품고 돌아올 때의 기쁨을 무엇으로 형용할 수 있겠습니까. 어렵고 힘들 때에 전도한 영혼들은 내게 너무도 귀하고 사랑스러웠습니다. 사랑과 정성을 다해 돌보았고 한 영혼도 쉽게 포기할 수 없어 밤낮으로 위하여 기도하고 심혈을 기울여 심방하니 하루 24시간이 짧을 수밖에 없었습니다. 28년이 지난 지금도 그 열정과 사랑은 변함이 없습니다. 오히려 날마다 새로이 용솟음쳐 옵니다. 그간의 경험을 통해 얻은 전도와 양육의 내용들과 현재 성안교회에서 진행하고 있는 프로그램들을 정리했습니다. 이 책이 한국 교회와 목회자들에게 전도의 열정을 회복시키는 밑거름 되기를 바랍니다. 또한 영혼 구원을 위해 목숨 바쳐 일하고자 헌신을 다짐하는 분들을 위한 좋은 길잡이가 될 수 있기를 간절히 소망해 봅니다.

이 책이 나오기까지 함께해 준 하나님 아버지께 감사를 드립니다. 그리고 모든 성안교회 가족들과 평생의 동역자인 아내와 추천의 글을 주신 명성교회 김삼환 목사님과 호남신학대학교 총장 차종순 목사님께 깊은 감사를 드립니다.

2012년 8월 20일

김재영 목사

성안교회 개척부터 오늘까지

주님의 인도하심

하늘은 빛을 저축하고 땅은 꽁꽁 얼어 세상의 차가움만 남아 있던 1984년 12월 2일 광주시 운암동에 성안교회를 개척하게 되었다. 33세의 젊은 나이에 준비된 것은 하나도 없고, 단 한 명의 교인도 없이 시작한 성안교회는 이렇게 30평의 상가 건물에서 시작되었다. 개척 멤버가 없어 엄습해 오는 썰렁함이 더욱 나를 힘들게 했지만 황무지를 개척하듯 그야말로 맨발, 맨손, 맨땅에서 교회 설립의 문을 연 것이다.

광주지역에서 부교역자로 일을 한 것도, 연고가 있어 개척을 도울 수 있는 사람도 없어서 오직 나에게는 하나님을 향한 믿음과 하나님의 나라를 향한 열정만이 있었을 뿐이었다. 이런 믿음과 열정은 나로 하여금 날마다 주님께 부르짖게 하였고, 그런 나를 향해 주님은 목마른 사슴에게 시냇물을 주시듯 시편 121편 1절 말씀을 주셨다.

> "내가 산을 향하여 눈을 들리라. 나의 도움이 어디서 올꼬, 나의 도움이 천지를 지으신 여호와에게서로다"(시 121:1~2).

이 말씀은 개척 후 내가 어렵고 힘들 때마다 언제라도 붙들 수 있는 버팀목이 되어 주었고, 오늘의 내가 존재하기까지 목회생활의 근간을 이루는 말씀이 되었다. 하나님의 도움이 없이 나에게 어떤 소망도 없다. 하나님의 인도하심이 없이는 나는 단 한 발자국도 걸을 수 없었기 때문이다.

개척 초기 나는 교회를 설립만 하면 그냥 잘 될 것이라는 막연한 생각을 가지고 있었다. 다가올 수 있는 험난한 생활과 위기들을 예측하지 못했던 것이다. 그러나 한 교회의 탄생을 위해 얼마나 많은 고난과 희생의 밑거름이 필요한지를 뼈저린 경험들을 통해 알게 되었다. 교인이 없는 교회는 존재의 의미가 없었다.

교인이 없었기에 새벽 기도회는 혼자서 해야 했고, 교육도 설교도 심방도 할 수 없었다. 밥을 지어도 함께 먹을 가족이 없다면 만찬이 무슨 의미가 있으며 혼자 먹는 밥은 얼마나 맛이 있겠는가. 그래서 나는 자연히 전도에 관심을 가지게 되었고 매일매일 하루의 거의 모든 시간을 전도에 투자하였다.

가가호호 아파트 문을 두드리며 아침부터 저녁까지 열심히 전도하였다. 복음을 전하여 주님의 교회를 채우겠다는 열정 때문에 피곤도, 지칠 줄도 몰랐다. 오직 한 가지 소원인 교회 부흥의 비전을 가지고 밤낮을 잊은 채 전도에 전념하자 교회는 점점 부흥되기 시작하였다.

시편 126편 5절 말씀이 현실이 된 것이다.

"눈물로 씨를 뿌리는 자는 기쁨으로 거두리로다." 눈물로 씨를 뿌리니 기쁨의 단이 거둬지기 시작한 것이다. 영혼을 향한 나의 갈망을 받으신 하나님, 나의 눈물을 기억하시는 하나님께서 나를 위해 기쁨의 면류관을 준비하신 것이다. 전도를 통해 내가 받은 은혜는 말할 수 없이 크고도 많다. 심는 대로 거두게 하시는 하나님께서 성실하고 부지런함으로 씨를 뿌릴 때에 몇 배의 기쁨과 축복의 열매로 갚아 주신다는 것을 알게 되었다.

또 하나님께서는 천하보다 귀한 한 영혼의 소중함을 깨닫게 하셨다. 목자가 길을 잃고 헤매는 양을 찾아, 그 양을 가슴에 품고 돌아올 때의 기쁨을 무엇으로 형용할 수 있으랴! 어렵고 힘들 때에 전도한 영혼들은 내게 너무도 귀하고 사랑스러웠다. 사랑과 정성을 다해 돌보았고 한 영혼도 쉽게 포기할 수 없어 밤낮으로 위하여 기도하고 심혈을 기울여 심방하니 하루 24시간이 짧을 수밖에 없었다.

"한 송이의 국화꽃을 피우기 위해 밤부터 그렇게 소쩍새는 울었나 보다"라는 서정주 시인의 시처럼 한 영혼을 성숙한 그리스도인으로 세우는 데 얼마나 많은 눈물의 기도와 해산의 고통이 있어야 하는지. 이 평범하고도 귀한 진리를 나는 개척교회를 통해 온몸으로 배우고 실감했다. 한 영혼이 전도되어 양육되고 성숙한 그리스도인이 될 때마다 그 기쁨은 이루 말할 수 없다. 성안의 성도들은 나의 보배요, 면류관이다.

> "그러므로 나의 사랑하고 사모하는 형제들아 나의 기쁨이요, 면류관인 사랑하는 자들아 이와 같이 주 안에 서라"(빌 4:1).

성전 건축

설립한 지 4년이 되자 교회는 꾸준히 부흥하여 장년 출석 성도가 50명에 이르러 나는 성전 건축을 꿈꾸게 되었다. 당시 성안교회는 상가 건물에 설립했기 때문에 문제점들이 너무 많았다. 지하에는 다방, 1층에는 음식점과 당구장이 있었으니 경건한 예배를 드린다는 것은 무리였고 그래서 더욱 성전 건축의 소원이 더 간절하였다.

언제나 성전을 건축할 수 있을까? 인간인 나의 생각으로 미래에 대한 확신도 없었을뿐더러 불안과 염려가 앞섰다. 상가 월세가 비싸서 당시 교회 상황으로는 사회봉사나 교회다운 역할을 감당할 수가 없어서 더욱 안타까웠다. 그래서 나는 하루빨리 교회가 자립하도록 몸부림치며 긴축재정을 통한 성전 건축기금을 적립하기 시작했다. 그리고 하나님께 눈물로 소원하며 기도했다.

"하나님, 건축하다 순교할지라도 제 몸을 드려 성전을 건축하기 원합니다." 나의 간절한 기도를 불쌍히 여기신 하나님께서는 성전

건축을 허락하셨다.

개척한 지 4년 만의 일이었다. 성도들이 모두 초신자였기에 건축 헌금 작정은 생각할 수도 없었고, 엄청난 건축비를 어떻게 할까. 인간의 생각으로는 불가능한 일, 그러나 주님은 하실 수 있으리라는 믿음을 가지고 주님께 매달렸다. 기도하면서 지인들을 일일이 찾아다니며 모금도 하고 도움을 요청하기도 했다. 주님께서는 때마다 여러 가지 방법으로 부족한 부분을 채워 주셨고 드디어 182평의 대지 위에 55평의 성전이 완공되었다. 하나님의 역사였다.

새 성전을 입당할 때의 기쁨을 그 무엇과 비교할 수 있을까? 천하를 다 얻은 것처럼 감격스러웠다. 내 생애에 가장 큰 기도 제목에 응답해 주신 하나님! 이것은 하나님께서 내게 주신 선물이기도 하지만 우리 교회에 베푸신 기적이었다.

성전 건축의 기쁨도 잠시, 그동안 과로로 인해 나의 몸은 피로가 쌓여 탈진 상태가 되었다. 불면증으로 2개월 동안 고통을 겪었고 밤만 되면 식은땀으로 온몸을 적셨으나 병원에 갈 엄두도, 약도 쓰지 못하고 그저 기도만 할 뿐이었다. 그러나 교회는 성장하고 부흥할 때 선교도, 지역사회 봉사도 할 수 있다고 생각한 나는 고통 중에도 주변 새 아파트의 입주와 더불어 더욱 복음 전하는 일에 매진했다. 그런 나의 모습을 보자 성도들도 안타까워하며 함께 기도하고 동참하기 시작했다. 그러자 교회는 차츰 부흥하기 시작했고 건강도 몰라보게 회복되었다.

새로운 도약, 성안교회

개척하고 20여 년의 세월이 흐르는 동안 주님의 은혜로 성안교회는 계속 부흥하게 되었다. 두 번째 세운 교회도 수용이 어려워 신도시 개발 지역인 신창동에 종교 부지를 마련해 세 번째 성전을 건축하게 되었다. 새로운 도약이기도 했으나 또한 모험이기도 했다. 하나님께서 신 개발지에 대한 비전은 보여주셨지만 4km나 떨어진 곳에 성전을 건축해야 했기에 기존 성도들의 새 성전으로의 출석이 염려되었다.

그러나 성도들은 99% 변함없이 성안교회를 섬겼고, 부족한 목회자를 신뢰해 주었다. 오히려 전 교우들은 한마음이 되어 기도로, 물질로 최선을 다해 새 성전 건축에 협력하였으며 교회는 더욱 평안하여 든든히 서가고 양적으로도 부흥하였다.

나는 이 일을 늘 자랑스럽게 여기고 평생토록 성도들에게 감사할 것이다. 이렇듯 오늘날 성안교회가 세워짐은 온 성도들의 희생과 헌신이 있었기에 가능한 일이었다. 성안교회 성도들은 모두가 나의 가족인 부모요, 형제, 자매이다. 나는 그분들에게 너무 많은 사랑의 빚을 지고 있다. 주님의 몸 된 교회와 목회자를 위해 빚도 없

이 이름도 없이 헌신하고 충성한 성안의 가족들을 생각할 때마다 평생을 두고도 갚을 수 없는 감사의 마음이 사무친다. 하나님께서 반드시 하늘나라의 상급으로 갚아 주시리라.

그 가운데에서도 나는 성도들의 도움으로 학업을 계속해 목회학 박사과정을 이수할 수 있었으며, 지금은 총회 임원으로 섬길 수 있는 영광을 안았다.

교육, 선교, 섬김을 위한 비전 센터를 건립하다

교회를 이전하고 매년 성장을 거듭하였다. 2천 3백여 명의 청장년 성도와 1천 명이 넘는 교회학교로 부흥을 한 것이다. 낮 예배 밤 예배 가릴 것 없이 모든 예배는 찬양이 넘치고 생명력이 있으며 은혜가 충만한 예배가 드려지는 것을 볼 때 감사 또 감사를 드린다. 그런데 우리만 즐겁고 신나는 것으로 끝나지 아니하고 지역 주민들을 위해 교회가 할 수 있는 일이 없을까 고민하게 되었다. 또한 더 크고 쾌적한 교회학교 예배실의 필요성이 절실해졌다. 몇 년 동안을 기도하였고 어느 지역을 가든지 교육관이나 기타 시설들을 눈여겨보는 습관이 생겨 버렸다.

비전센터는 2010년에 설계를 시작하여 2011년에 완공을 하고 개관예배를 드렸다. 지상 7층, 지하 1층 규모로 280평의 대지에 연건평 1800평의 콘크리트 구조물로 지었다. 1층은 누구나 부담 없이 쉴 수 있는 공간으로 카페와 어린이 실내 놀이터, 작은 도서관이 있으며, 2층은 지역주민이 사용할 수 있는 공간으로 공연장, 연회장이 준비되어 있다. 공연장은 문화공연을 비롯하여 각종 세미나 및 집회, 교육 등의 장소로 대여하고 있으며 연회장에서도 각종 모임들을 부담 없이 열 수 있도록 하였다. 3-4층은 연령별로 교회학교 어린이들이 예배드릴 수 있는 공간으로 배치되었으며, 5층은 각종 사무실과 세미나실이 있고, 6층과 7층은 실내체육관으로 교우들과 주민들에게 큰 호응을 얻고 있다. 실내 구기 종목(배구, 농구, 족구, 탁구, 배드민턴 등)은 무엇이든지 가능하다. 7층의 일부는 오케스트라 연습실로 사용되고 있다.

성안교회는 나의 남은 삶의 전부이다. 성전 구석구석 나와 성도들의 애정과 숨결이 미치지 않은 곳이 없다. 그러나 무익한 종이 하여야 할 일을 하였을 뿐 이 모든 것 위에 역사하신 하나님의 크신 은혜임을 또한 고백한다.

> "나의 나 된 것은 하나님의 은혜로 된 것이니 내게 주신 그의 은혜가 헛되지 아니하여 내가 모든 사도보다 더 많이 수고하였으나 내가 한 것이 아니요, 오직 나와 함께하신 하나님의 은혜로라"(고전 15:10).

주님은 오늘도 당신의 피 값으로 사신 교회를 통해 땅 끝까지 복

음이 전파되길 원하신다. 한 영혼을 향한 애타는 목마름으로 오늘도 잃어버린 양을 찾고 계신다. 불이 타고 있으므로 존재하는 것처럼 교회는 전도할 때에 존재의 의미가 있다고 생각한다. 앞으로도 나는 목회의 최우선을 전도에 둘 것이다.

하나님 앞에서 나는 너무 부족한 사람이다. 그래서 더 많이 무릎 꿇을 수 밖에 없다. 또한 하나님께서 함께하시지 않는 나의 삶은 상상할 수 없다.

이 순간까지 나로 하여금 열정을 가지고 이 길을 달려오게 하신 분은 하나님이시기 때문이다. 이제 남은 생애, 앞으로 나의 할 일은 오직 성실과 겸손으로 하나님께서 내게 위임하신 성도와 주의 몸된 교회를 섬기는 것이다. 첫사랑의 감격으로.

작은 일에 죽도록 충성할 때 더 큰 일을 맡기시는 하나님! 앞으로도 나를 통해 일하실 그 하나님을 기대하며 주님 오실 때까지 시대적 사명을 위해 나는 묵묵히 주님의 길을 걸어가리라. 모든 영광을 하나님께!

차례

1부 전도 설교

2부 전도의 실제

3부 양육의 방법

1부 전도 설교

제1강

전도의 결실(단 12:1-3)

생각이 어떠냐에 따라 인생이 달라진다. 우리의 생각이 하나님의 생각과 같을 때, 하나님의 생각을 소유할 때 하나님이 주시는 믿음을 갖게 된다. 예수께서는 "할 수 있거든이 무슨 말이냐 믿는 자에게는 능치 못할 일이 없느니라"(막 9:23)고 말씀하셨다.

마음을 방치하면 금방 쓰레기통이 되고 만다. 아인슈타인은 나쁜 사고를 몰아내려면 11배 이상의 좋은 생각을 해야 한다고 했다. 말이 씨가 된다는 말도 있다.

> "저희 목구멍은 열린 무덤이요 그 혀로는 속임을 베풀며 그 입술에는 독사의 독이 있고 그 입에는 저주와 악독이 가득하고"(롬 3:13-14).

"혀는 곧 불이요 불의의 세계라 혀는 우리 지체 중에서 온몸을 더럽히고 삶의 수레바퀴를 불사르나니 그 사르는 것이 지옥 불에서 나느니라"(약 3:6, 개역개정).

인간이 범죄함으로 하나님과 인간 사이의 의사소통이 단절되었기 때문에 복된 말을 할 수 없다. 인간은 복된 생명의 지식을 갖지 못하고 죄악된 진노와 저주의 지식만 갖고 있기에 악한 말만 하게 되는 것이다. 더 어려운 문제는 인간 스스로 이 혀를 복되게 길들일 수 없다는 것이다. 그러므로 신약에서는 예수님께서 구속 사역을 이루시고 그 복음을 믿는 자에게 언어를 회복시켜 주셨다.

"저희가 다 성령의 충만함을 받고 성령이 말하게 하심을 따라 다른 방언으로 말하기를 시작하니라"(행 2:4).

구원받아서 성령 충만할 때 우리는 복된 언어를 갖게 되며 그 복음을 듣는 자는 구원받게 된다.

"그런즉 저희가 믿지 아니하는 이를 어찌 부르리요 듣지도 못한 이를 어찌 믿으리요 전파하는 자가 없이 어찌 들으리요"(롬 10:14).

세상의 말은 아무리 많이 듣고 많이 해도 우리에게 해로울 뿐 유익이 없다. 그러나 하나님의 말씀을 듣고 하나님께 찬양을 할 때 우리에게 축복이 된다.

미국의 한 교도소의 재소자 90퍼센트가 부모한테 "너 같은 녀석은 결국 교도소에 갈 거야"라는 말을 들었다고 한다. 괴테는 "인간이 보이는 대로 대접하면 결국 그보다 못한 자를 만들지만 잠재력대로 대우하면 그보다 큰 자가 된다"라고 말했다. 타인을 칭찬할 줄 알며 적극적이고 긍정적이며 소망적인 말, 축복의 말을 습관화해야 한다.

사랑의 인사를 해보자. "좋은 일이 있을 것입니다. 복 받을 사람입니다. 나는 하나님의 사랑을 받을 것입니다. 하나님은 우리를 축복해 주십니다. 나는 훌륭한 전도자입니다. 가장 훌륭합니다. 우리 교회 목사님이 가장 좋습니다."

언어는 전도의 무기다. 복된 언어, 능력 있는 언어를 사용하자. 하나님이 천지를 창조하실 때 말씀으로 하셨으며, 기도가 언어로 이루어지고 있는 것처럼 말을 잘하면 복이고 잘못하면 저주가 된다.

1. 전도의 결실(단 12:3)

많은 사람을 옳은 데로 돌아오게 한 자는 별과 같이 빛난다는 이 말씀은 전도자의 영원하고도 큰 상급에 대해 말하고 있다. 하늘의 빛나는 별, 역사의 어둠을 밝히는 별과 같이 빛나는 사람이 되리라는 말씀이다. 별 같은 사람이란 정녕 복된 의미이다. 한국 교회가 모든 나라들이 부러워할 만큼 성장한 것은 선배들과 우리가 열심히 기도하고 말씀 읽고 나가서 전도한 결과이다.

2. 자체의 결실(요 4:36-38)

1년 내내 전도하였으나 한 사람도 등록시키지 못하면 자기는 전도의 은사가 없어서 실패했다고 말한다. 로마서 12장 2절에서 선하시고 기뻐하시고 온전하신 뜻이라 한 것처럼 선한 일은 그 일을 하고 기쁜 것이다. 그것이 온전한 영의 뜻이다. 그렇다면 복음 전도보다 더 선한 일이 있는가? 복음 전도 하고 기뻐하는가? 거절당하고 핍박받을 때는 기분이 좋지 않다. 그러나 성경은 거절당해도 그 자체가 결실이라고 한다. 요한복음 4장 36-38절에는 뿌리는 자와 거두는 자가 함께 기뻐하게 하신다고 했는데, 특히 뿌리는 자에게 무게를 더 실어 주셨다. 등록시키지 못했어도 뿌린 그 자체가 결실인 것이다.

3. 역반응의 결실(눅 10:6)

> "어느 집에 들어가든지 먼저 말하되 이 집이 평안할지어다 하라 만일 평안을 받을 사람이 거기 있으면 너희 빈 평안이 그에게 머물 것이요 그렇지 않으면 너희에게로 돌아오리라"(눅 10:5-6).

참 평안을 말씀한다. 죽을 사람을 살리는 영원한 평안, 즉 복음이다. 말을 바꿔 보면 "복음을 전하라. 그가 그 복음을 받지 않으면 다시 네게로 그 복이 돌아오리라"는 말씀이다. 여기에 전도가 잘되면 좋고 안 되더라도 역반응 그 자체가 더 좋은 결실이 되는 놀라운 신비가 숨겨져 있다.

4. 핍박의 결실(마 5:10-12)

"의를 위하여 핍박을 받은 자는 복이 있나니 천국이 저희 것임이라"(마 5:10).

'핍박을 받게 해달라고 기도한 적이 있는가'라는 질문에 그렇다고 답할 사람이 얼마나 될까? 아마 거의 없을 것이다. 그렇다면 '심령이 가난하여 온유하며 화평하게 해달라고 기도한 적이 있는가'라는 질문에는 그렇다고 답할 사람이 얼마나 될까? 신자라면 대부분이 이런 기도는 해보았을 것이다. 우리는 입으로는 팔복을 말하면서 실제는 7복만 가지고 말했고 그렇게 살아왔다.

그러나 사도들과 바울은 전도를 즐기고 핍박까지 즐겼다(고후 11:23-30).

사도들은 그 이름을 위하여 능욕받는 일에 합당한 자로 여기심을 기뻐하면서 공회 앞을 떠나니라(행 5:41).

모든 일에는 성공과 실패가 있다. 그러나 전도에는 실패가 없다. 오히려 실패하면 더 축복하시겠다고 하셨다. 그래서 전도가 잘되면 좋고 안 되면 더 좋고, 욕먹으면 3배 좋고 뺨 맞으면 7배 좋다는 구호가 생겼다.

제2강

주님이 오신 목적(막 1:36-39)

우리 민족에 기독교가 들어온 것은 128년 전이었다. 세계의 가난한 나라 중에 대한민국과 같이 36년간 일제 치하와 같은 식민지 국가요, 6.25와 같이 전쟁의 비참한 사건을 경험한 나라가 60여 년 만에 이런 경제, 정치, 사회, 교회 발전을 이룩한 나라는 세계에서 찾아볼 수 없다. 뿐만 아니라 우리나라는 받는 나라에서 주는 나라로 바뀐 나라가 되었다.

오늘날 현실에 대해 불평과 불만을 말하고 있지만 우리는 하나님께 감사해야만 한다. 그것은 한국전쟁으로 폐허가 되었고 지하자원도 하나도 없으며 세계 유일하게 분단된 나라에서 이렇게 잘살 수 있게 된 것은 기적과도 같기 때문이다. 이 많은 번영과 발전이 기독교의 영향이 아니라고 누가 말할 수 있겠는가?

1. 예수님은 전도를 위해 오셨다.

주님은 "이르시되 우리가 다른 가까운 마을들로 가자 거기서도 전도하리니 내가 이를 위하여 왔노라 하시고"(막 1:38)라고 하셨다. 주님의 오신 목적은 전도하기 위해 오신 것이다. 이 길만이 아버지의 뜻을 이루는 것으로 믿으셨고 전도를 위해 사셨고 전도 그 길만이 인간을 구원하는 유일한 길이심을 믿으셨다. 그는 더 나아가 전도만이 세상을 변화시키는 유일한 길임을 믿으셨다. 그의 제자들을 향한 마지막 당부이자 교훈이 무엇이었는가?

"그러므로 너희는 가서 모든 민족을 제자로 삼아 아버지와 아들과 성령의 이름으로 세례를 베풀고 내가 너희에게 분부한 모든 것을 가르쳐 지키게 하라 볼지어다 내가 세상 끝 날까지 너희와 항상 함께 있으리라 하시니라"(마 28:19-20)고 하셨다. 주님은 마지막 유언과 같은 지상명령을 요약하면 영혼을 사랑하여 영혼을 구원하라는 것이다.

한국 갤럽이 조사한 바에 의하면 '나는 지난 1년간 누군가를 전도하여 교회에 출석하게 한 적이 있느냐?' 라는 설문에 '그렇다' 고 대답한 개신교인들이 26.4%, '그런 일이 없다' 라고 대답한 교인들이 무려 73.6%에 달했다. 교회에 출석하는 교인 가운데 전도하는 이들은 네 명 중 한 사람만이 전도했고 세 사람은 전도를 하지 않았던 것이다.

얼마 전 일간지 신문에 삼성그룹의 부사장이 서울 공대를 졸업하고 미국의 박사 학위를 받고 초고속 승진을 하여 주식을 통해 700억 이상 재산도 가졌으나 그는 인생의 소망의 끝이 보이지 않았는지 그만 자살해 버리고 말았다. 부와 명예 그리고 좋고 높은 지위도 있었지만 그러한 모든 것이 인생의 소망이 되지 못하였다. 허무한 것임을 가르쳐 주고 있다. 우리 인생의 주인이신 주님께 전도하는 것이 나의 사명이며 내 인생의 목적으로 자각해야 할 것이다.

2. 예수님은 전도를 계획하며 살아가셨다.

예수님은 새벽에 기도하므로 하루를 준비하셨다. 가버나움에서 병자들을 고치셨고 많은 사람들이 주를 찾아왔다. 예수님은 충분히 복음을 전했다고 생각되면 복음을 들을 기회가 없었던 다른 마을로 이동하셨다. 복음전도는 한두 사람으로 이루어질 수 없다. 너무나 큰 과제이기 때문에 이 책임을 교회 공동체에게 맡기신 것이다. 교회 존재 목적은 교회를 통해 예수를 모르는 사람들이 예수를 믿고 변화 받아 주의 제자로 살 수 있게 하는 것이다. 이것이야말로 교회의 존재 목적이요 복음 전파의 사명이다.

사도 요한은 "우리가 보고 들은 바를 너희에게도 전함은 너희로 우리와 사귐이 있게 하려 함이니"(요일 1:3a)라고 했다. 이 말씀은 전도란 보고 들은 것을 다른 사람에게 그대로 전하는 것임을 알 수 있다. 증인이란 일어난 사실을 보고 들은 것을 있는 그대로 말하는 사람을 뜻한다. 버스를 타고 있을 때 가끔 외판원들이 올라와 유창하게 물건을 선전하는 것을 보게 된다. 그들이 가지고 다니는 것이 그리 좋은 품질의 것이 아니다. 건강식품일 경우도 마찬가지다. 그런데 그들은 제품을 설명할 때 귀가 솔깃하도록 확신과 기술을 가지고 선전을 하곤 한다. 그걸 팔아서 돈을 벌기 위해서이다. 세상적인 돈을 벌기 위해서도 그 많은 용기가 필요한데 하물며 돈을 벌기 위해서가 아닌 영혼을 지옥에서 천국으로 인도하는 이 놀랍고 중요한 복음 전도를 부끄러워하지 말아야 하는 것은 당연한 것이다.

"내가 복음을 부끄러워하지 아니하노니 이 복음은 모든 믿는 자에게 구원을 주시는 하나님의 능력이 됨이라 먼저는 유대인에게요 그리고 헬라인에게로다"(롬1:16).

세상의 화제인 군대 이야기나, 스포츠, 정치 이야기는 잘하고 재미있게 한다. 그러나 그 이야기가 그들의 영혼을 살릴 수 없으며 그들에게 어떤 변화나 도움이 되지 않는다. 그러나 영혼 구원에 있어서는 열정을 가지고 즐겁게 해야 하며 시간과 물질도 희생해야 하는 것이다.

3. 예수님은 전도의 계기를 만드셨다.

사마리아 여인과 예수님의 만남을 생각해 보라. 여행하다 우물가에 쉬고 있었던 예수님은 한 여인이 우물에 도착하자 유대인이 사마리아 여인과 상대하지 않았던 문화적 금기를 깨고 대화하기 시작했고 물을 달라고 하셨으며 한 영혼을 구원하기 위해서 마침내 주님은 식사하시는 것도 잊으셨다.

삭개오가 주님을 만나는 장면에서도 하나님은 죄인을 찾으시고 용서하시고 사랑하신다는 것을 보여 주시며, 바로 그 한 영혼을 찾기 위한 전도의 기회로 여기셨던 것이다.

"인자가 온 것은 잃어버린 자를 찾아 구원하려 함이니라"(눅 19:10).

'주 내게 부탁하신 일 천사도 흠모하겠네. 화목게 하라신 구주의 말씀을 온 세상 널리 전하세' 이 찬송가의 작사자 캐슬은 본래 의사였다. 그는 성공적인 의사요 평신도 지도자로서 자신의 직업의 장에서 모범적인 삶을 살고 출석하던 한 침례교회에서 모범적으로 봉사하던 분이었다. 그는 특별히 전도에 대한 사명을 느끼며 병원에서 많은 환자들을 전도하고 언제 어디서나 자신의 삶의 이유, 존재의 이유는 복음 전도라고 고백한 사람이었다.

어느 날 그에게 돈 버는 것보다 전도하는 것이 그렇게도 좋으냐는 질문을 받았을 때 '우리는 이 땅에서 나그네가 아닙니까? 나그네 인생에서 영혼 구원보다 더 가치 있는 고귀한 일이 어디 있겠습니까? 전도는 천사도 흠모하는 일인데요' 라고 말했고, 옆에서 듣고 있던 부인이 천사도 흠모하는 일 그 말에 감동을 받고 집에 돌아와 남편에게 그 말을 바로 시로 쓰면서 자신이 작곡을 하였는데 이 부부의 고백으로 탄생한 찬송이 508장 '우리가 지금은 나그네 되어도 화려한 천국에 머잖아 가리니 이 세상 있을 때 주 예수 위하여 우리가 힘써 일하세 주 내게 부탁하신 일 천사도 흠모하겠네' 이다.

그런데 그의 나이 60을 넘기면서 전도 사역에 파트타임이 아닌 풀타임으로 복음을 전하고픈 불타는 마음이 생겼고 견딜 수 없었던 그는 마침내 목회에 헌신하게 되었다. 그의 첫 부임지는 콜로라도 덴버의 한 작은 창고 교회였다. 부임해서 이 부부는 취임예배 때 취임사를 대신해 이 찬송을 불렀다고 한다.

제3강

최초의 전도자(요 1:29-34)

예수님은 "아버지께서 나를 세상에 보내신 것같이 나도 그들을 세상에 보내었고"(요 17:18)라고 하셨다. 우리 모두는 주님의 보내심을 받아 세상 속에 사도로 파송된 주의 백성들임을 기억해야 한다. 그래서 보냄을 받은 자에게 그 직임이 얼마나 중요하고 두려운 일인지 알아야 한다. 이런 특권을 받은 자로 우리는 세상의 소금이요, 세상의 빛의 제자로 세상 가운데 보냄을 받은 것이다. 그러므로 우리 모두는 교회의 영광을 나타내는 자가 되어 사람들에게 존경과 두려움의 대상이 되어야 한다.

그런데 맛을 잃은 소금처럼, 빛을 잃어 버리고만 우리의 모습은 무엇 때문일까? 오늘날 우리는 과거의 교회 지도자들에 비해 훨씬 더 많은 교육을 받았고 교회에 다니는 사람들도 많아졌고 재정 또한 그리 궁핍하지 않은데 말이다. 이것으로 볼 때 교회의 본질은 순전성이라고 할 수 있다. 교회를 교회 되게 하라는 것이다. 하나님을 위해 교회를 사랑하는 사람들이 영혼을 아끼며 생명을 살리려 몸부림치는 거룩한 성도가 되어야 할 것이다. 전도 위주의 교회가 되어야 한다는 말이다.

곧 복음으로 돌아가는 것이다. 기도하고 말씀을 듣고 예배하고 전도하는 것이다. 우리 교회 사명선언문은 "교회와 이웃을 내 몸처럼 사랑하고 세상의 빛으로 살아가고 민족과 열방의 복음을 전하며 세상의 빛을 발하는 그리스도인이 되겠습니다"이다. 선구자는 높은 꿈과 이상을 실현하는 사회적 지도자를 말한다. 일제 시대 조두남 씨가 작곡한 '선구자'라는 가곡은 대한독립 후 나라 사랑의 애환이 잘 담겨 있다. '일송정 푸른 솔은 홀로 늙어갔어도 한줄기 해란강은 천년 두고 흐른다. 지난날 강가에서 말 달리던 선구자 지금은 어느 곳에 거친 꿈이 깊었나.'

신약성경에 이런 선구자가 한 사람 있다. 바로 세례 요한이다. 그는 예수 그리스도를 위한 선구자로 이 세상에 온 사람이다. 약대 털옷을 입고 가죽 허리띠를 둘렀으며 메뚜기와 석청을 먹고 광야에 거처를 두고 살았다. 자신을 찾아오는 많은 사람들에게 과감하게 회개하라 듣기 싫은 말을 하며 광야의 외치는 소리가 되었다. 세례 요한이 세상에 온 것은 예수를 증언하기 위해서이다. 예수님이 하나님의 아들이시고 인류의 구원자이시며 세상을 지고 가는 하나님의 어린양이라는 사실을 알리는 자였다.

세례 요한은 자신의 삶 전체를 통해 태어나서 죽을 때까지 그가 한 사명은 설교도 세례도 사회정의도 아닌 바로 예수 그리스도가 구원자라는 것을 알리는 것이었다.

> "그가 증언하러 왔으니 곧 빛에 대하여 증언하고 모든 사람이 자기로 말미암아 믿게 하려 함이라"(요 1:7).

세례 요한의 사명은 곧 예수 믿도록 전도하는 것이었다. 자신이 받은 사명을 완수할 수 있는 사람은 위대한 사람이다. 우리의 삶의 목적이 무엇인가? 일을 하면서도 왜 하는지 삶의 목적에 대해 언제나 분명하게 설명할 수 있어야 한다. 이런 사람은 행복한 사람이다.

눈앞의 이익을 위해서 사는 사람은 불행하고 불안한 삶이다. 바닷물을 들이키는 사람처럼 돈과 부와 성공과 명예의 값싼 것으로 채운들 결코 행복하지 않다. 인생을 허비하지 않는 삶을 사는 것은 예수를 증거하며 사는 것이다. 세례 요한의 사명은 예수 그리스도를 증거하기 위해 길을 예비하는 것이며, 길을 평탄케 하는 것이었다. 예수를 믿는 일을 방해하는 것을 다 물리친 것이다. 장애물을 없앤 것이다. 이 일은 또한 우리가 해야 할 일이기도 하다.

직장에서 우리 때문에 예수를 믿을 수 있어야 한다. 많은 사람이 회사 신우회를 조직해서 직원들을 섬기고 사랑해서 그들이 예수 믿도록 하는 역할을 해야 한다. 우리가 세상에 나가서 '예수 믿으세요' 라고 외치는 것만이 전도가 아니다. 직장에서 손해를 보더라도 양보하고 희생하여 세상 사람들에게 감동을 준다면 그것이 곧 예수를 전하는 방법이다. 예수를 믿는 사람이 자신의 주장을 굽히지 않고 이익 챙기기에 급급한다면 아무도 예수를 믿지 않을 것이다. 옆집에도 친절을 베풀어야 한다. 아랫집에게도 사랑을 나누어야 한다. 조금만 생각해도 전도 방법은 의외로 아주 간단하다. 세상 사람들과 서로 충돌하지 않고 남들에게 피해를 끼치지 않고 친절과 봉사로 다른 사람들에게 감동을 주어 예수를 소개하는 것이다.

우리는 인생을 살면서 여러 가지로 갈등하며 세파에 시달린다. 하지만 세례 요한은 단순한 삶을 살았다. 먼저 그는 성령 충만한 사람으로서 예수 그리스도 한 분밖에 없는 것을 알고 먹는 것, 입는 것, 쓰는 것을 절제하고 광야에서 금욕 생활을 하였다.

1885년 4월 5일 오후 3시, 그날은 부활주일이었다. 인천항에 음산한 봄비가 내리는 날이었다. 감리교 선교사 아펜젤러 언더우드 부부가 첫발을 내딛었다. 아펜젤러(27세) 신혼부부는 환영하는 사람도 없이 낯설고 그리고 미개한 나라 가난한 나라 한국 땅에 들어와 아펜젤러는 17년 동안 학교 설립과 교회 개척을 하던 중 1902년 6월 11일 목포에 열리는 성서번역위원회에 참석하기 위해 탔던 배가 충돌로 침몰하기 시작했다. 수영 선수였던 아펜젤러 선교사는 함께 배에 탔던 비서와 여대생을 살리기 위해 그들을 찾아 헤매다가 희생의 죽음을 맞이하게 되었다.

언더우드 역시 교육선교, 성서번역, 교회의 개척 등의 어려운 일들을 하였고 신혼여행도 전도여행으로 떠날 만큼 선교적 열정에 불타 있었다. 조선을 더 사랑하여 이곳 땅에 뼈를 묻기로 작정했다. 아펜젤러가 한국 도착 직후 감리교 선교본부에 이런 편지를 하였다. "우리는 부활절에 여기에 닿았습니다. 이날 죽음의 철장을 꺾으신 주께서 이 백성을 얽어맨 결박을 끊으시고 그들을 하나님의 자녀로서 누릴 자유와 빛으로 인도해 주시길 기도합니다."

한국교회에 많은 문제가 있지만 분명히 아펜젤러 목사의 기도는 응답되었다. 사도 바울은 예수를 발견한 뒤에 이방인의 전도를 위해 부름을 받았다. 세계 곧 땅 끝까지 복음을 전하겠다는 비전이 일생 동안 그의 가슴속에 가득 차 있었고 그 열정이 식지 않았다. 이방인의 제물로 드려지고자 했다. 바울은 자신이 이방인의 전도자가 되었다는 것을 은총으로 여겼다.

내가 천하보다 더 귀한 영혼을 그리스도 앞으로 인도할 수 있다는 것은 하나님이 내게 주신 놀라운 특권이다. 이것을 특권으로 생각하는 사람은 그 일을 사명으로 생각한다. 의무로 생각하는 사람은 그 일이 어려우면 얼마 후에 그만두게 되어 있다. 천하보다 더 귀한 영혼을 주님 앞에 인도할 수 있다는 것은 사실 얼마나 위대한 은혜요 얼마나 놀라운 특권인가? 전도를 해보면 알 수 있다. 모든 일이 다 헛되지만 이 거룩한 역사 하나만은 남는다.

오늘이 내 마지막 날이라면 자문할 것이 딱 한 가지 있다. 내가 몇 사람에게 전도했느냐, 나로 인해서 구원 받은 사람이 몇 사람인가? 예수님이 십자가에 돌아가셨다. 가룟 유다가 예수를 팔았다. 예수가 십자가에 돌아가시고 부활하신 다음에 가룟 유다는 목 매달아 죽었다.

"누구든지 주의 이름을 부르는 자는 구원을 받으리라 그런즉 그들이 믿지 아니하는 이를 어찌 부르리요 듣지도 못한 이를 어찌 믿으리요 전파하는 자가 없이 어찌 들으리요"(롬 10:13-15).

그러므로 누구든지 구원을 받았다고 하면 반드시 그에게 복음을 전해 준 전도자가 있어야 할 것이다.

교회는 그리스도의 몸이다. 주님께서 우리에게 은혜를 베푸시고 먼저 예수님을 믿도록 하셔서 세상 사람들에게 말씀을 전하도록 선택한 것이다. 교회는 이 세상에서 하나님이 역사하시는 주님의 몸이다. 교회와 함께 하나님은 역사하신다.

그러므로 교회 안에서 교회와 함께 교회를 위하여 삶을 살 때 성령님은 우리에게 믿음을 선물하기 원하시는데 성령으로 함께하는 생활은 구원의 선물을 주신다.

> "내가 진실로 진실로 너희에게 이르노니 한 알의 밀이 땅에 떨어져 죽지 아니하면 한 알 그대로 있고 죽으면 많은 열매를 맺느니라 자기의 생명을 사랑하는 자는 잃어버릴 것이요 이 세상에서 자기의 생명을 미워하는 자는 영생하도록 보전하리라"(요 12:24-25).

제4강

말씀을 전파하라(딤후 4:1-8)

이런 이야기가 있다. 예수님께서 십자가에 죽으시고 부활 승천하셔서 하나님 나라에 갔더니 천사들이 그분을 에워싸는데, 그중에 한 천사가 예수님께 이런 질문을 했다.

"예수님이 십자가를 지고 가실 때 제자들은 주님을 버리고 도망갔습니다. 그런데 주님께서는 그들을 다시 모아 놓고 땅 끝까지 복음을 전하라고 그들에게 또 한번 부탁하셨습니다. 주님을 배신하고 부인하고 저주하고 떠나갔던 제자들이 땅 끝까지 복음을 전파하는 엄청난 일을 과연 감당할 수 있다고 주님은 생각하십니까?" 그러자 주님께서는 "나는 그들에게 복음을 전하라고 했으며, 그들이 순종하지 않으면 다른 방법은 없다"라고 대답하셨다고 한다.

이 이야기의 뜻은, 천사가 아무리 능력이 많고 위대하게 설교를 잘한다 하더라도 복음 전하는 것을 그들에게 맡기지 않으시고 부족한 우리에게 맡기셨다는 것이다.

1. 예수님의 지상명령이다

복음 전파는 예수님의 마지막 명령이요 유언이다. 본문에 '내가 하나님 앞과 산 자와 죽은 자를 심판하실 주님 앞에서 엄히 명한다'고 했다(딤후 4:1). 참으로 엄숙한 명령이다.

주님께서 우리에게 말씀하신 것이 여러 가지가 있지만 그중에서 가장 중대한 명령은 바로 복음을 전하라는 것이다.

이보다 더 큰 명령은 없다. 그토록 중요하게 말씀하신 이유가 무엇일까?

주님께서는 잃어버린 자를 찾아 구원하기 위해서 이 땅에 전도자로 오셨다. 주님은 한 영혼이라도 멸망하지 않고 구원받기를 원하셔서 십자가에 죽어가면서도 한쪽에 있는 강도를 전도하여 구원하셨다.

에밀 브루너는 "불이 타므로 존재하는 것처럼 교회는 전도함으로 존재한다"고 말했다. 교회의 존재 목적도 전도하기 위함이므로 주님의 소원이며 최대 관심사는 전도요, 주님이 제일 기뻐하시는 것도 죄인들이 회개하고 돌아오는 것이다.

영혼 구원은 교회의 가장 중요한 본질이요 사명이다. 이보다 더 크고 중요한 일은 없다.

조지 스위팅은 "100년을 사는 동안 단 한 명의 영혼을 주님께로 인도하고 그 밖에 아무 일도 하지 못하였을지라도 나는 무한한 가치가 있는 삶을 살았다고 할 것입니다"라고 말했다. 천하보다 귀한 생명을 구하여 영원한 생명을 얻게 하는 일은 진실로 세상의 무엇과도 비교하거나 바꿀 수 없는 값진 일이다.

> "거기는 구더기도 죽지 않고 불도 꺼지지 아니하느니라 사람마다 불로써 소금 치듯 함을 받으리라"(막 9:48-49).
>
> "불에서 끌어내어 구원하라……"(유 1:23).

주님을 모르는 사람은 불길 속으로 들어가고 있는 것과 같다. 그러므로 빨리 끌어내야 한다.

세상에서 가장 무서운 것은 불이다. 불은 모든 것을 삽시간에 삼켜 버린다. 불이 나면 1분 1초를 다퉈 불을 꺼야 한다. 불에서 끌어내어 구원하라는 말씀은 멸망에서 구원해 내라는 말씀이다.

> "저가 음부에서 고통 중에 눈을 들어 멀리 아브라함과 그의 품에 있는 나사로를 보고 불러 가로되 아버지 아브라함이여 나를 긍휼히 여기사 나사로를 보내어 그 손가락 끝에 물을 찍어 내 혀를 서늘하게 하소서 내가 이 불꽃 가운데서 고민하나이다"(눅 16:23-24).

음부에 있는 부자가 뜨거운 불꽃 가운데서 괴로워하고 있는 것을 볼 수 있다.

윌리엄 부스는 신학생들의 졸업식장에서 "제군들에게 4년 동안

이곳에서 공부한 것보다 단 몇 분이라도 지옥이라는 곳을 보여줄 수 있다면 영혼 구원의 열정이 얼마나 크고 중요한 것인가를 알게 될 것이다"라고 설교했다.

"하나님 앞과 산 자와 죽은 자를 심판하실 그리스도 예수 앞에서……"(딤후 4:1).

하나님 앞과 산 자와 죽은 자를 심판하실 주님 앞에 우리 모두가 서야 할 것이다. 주님께서 심판하실 때 세상에 있는 동안에 너는 몇 사람을 구원했느냐고 물으실 것이다.

이 세상에서는 우리가 아무리 잘살아도 100년이다. 우리는 시한부 인생들이다. 언젠가는 이 세상을 떠나야 할 존재인 것이다. 어리석은 부자처럼 살다가 지옥에 떨어진다면 얼마나 불쌍한 인생인가!

"찬송하리로다 우리 주 예수 그리스도의 아버지 하나님이 그 많으신 긍휼대로 예수 그리스도의 죽은 자 가운데서 부활하심으로 말미암아 우리를 거듭나게 하사 산 소망이 있게 하시며 썩지 않고 더럽지 않고 쇠하지 아니하는 기업을 잇게 하시나니 곧 너희를 위하여 하늘에 간직하신 것이라"(벧전 1:3-4).

"또 저희를 미혹하는 마귀가 불과 유황 못에 던지우니 거기는 그 짐승과 거짓 선자자도 있어 세세토록 밤낮 괴로움을 받으리라"(계 20:10).

2. 너는 말씀을 전파하라

때를 얻든지 못 얻든지 항상 힘쓰라고 하셨다. 중요한 구원의 문제를 뒤로 미룰 수가 없다.

그러므로 죽어 가고 있는 사람에게 주님을 시급히 전해야 한다.

1912년 첫 항해에 나선 타이타닉 호는 세계 최대 최고급 시설을 갖춘 호화유람선이었다. 타이타닉 호는 매우 크고 견고하며 화려해서 침몰이 불가능하다는 홍보용 문구가 일반적으로 통용되었다고 한다.

하지만 거대한 빙하와 충돌하면서 명성은 온데간데없이 사라졌다. 1,517명이 죽고 배는 바다에 가라앉아 버리고 700명만 살아남았는데, 배가 침몰해 갈 때 가장 인상 깊었던 것은 악단을 지휘한 사람과 더불어 배에서 죽어 가던 사람들이 "내 주를 가까이하게 함은" 찬송가 338장 1절을 부르며 하늘나라 소망을 바라본 것이었다.

> 1. 내 주를 가까이하게 함은 십자가 짐 같은 고생이나
> 내 일생 소원은 늘 찬송하면서 주께 더 나가기 원합니다.
> 4. 야곱이 잠 깨어 일어난 후 돌단을 쌓은 것 본받아서
> 숨질 때 되도록 늘 찬송하면서 주께 더 나가기 원합니다.

사람이 한 번 죽는 것은 정한 이치다. 시한부 인생을 사는 동안 우리는 무엇을 위해 살다 무엇을 가지고 갈 것인가?

모든 사람은 제한된 시간 속에 살게 된다. 그리고 주님이 부르실 때 모든 것을 버리고 갈 수밖에 없다. 그러므로 전도는 죽어 가는

사람이 죽을 사람에게 복음을 전하여 구원받게 하는 것이다.

3. 고난을 받으며 전도인의 직무를 다하라

군인은 싸우기 위해서 존재한다. 최일선에서의 전투병이 바로 전도하는 사람이다. 마귀가 가장 싫어하는 것이 전도이다. 자기 백성을 하나님의 자녀로 쉽게 내어주겠는가?

어떤 사람이 타고 가던 배가 암초에 부딪혀 죽을 뻔하였다가 구사일생으로 살아남은 것에 감사하여 인명구조원으로 사람을 구조하는 일에 봉사하게 되었다. 그런데 이러한 인명구조 자원봉사자들이 여러 명 늘어나면서 친교를 하는 시간이 많아졌고, 친교하는 일에 힘을 쏟다 보니 인명을 구조하는 위험한 활동을 하지 않게 되었다고 한다.

하나님께서 주신 은혜로운 삶에서 성도들은 교회 안에서 친교하는 일에 푹 빠진 나머지 교회의 본질적인 사명, 즉 죄악의 물에 빠져 죽어 가는 사람을 살리는 일에 관심이 없고, 그들의 죽어 가는 신음소리도 못 듣게 되었다.

잃어버린 영혼들에게 복음을 전하는 사명을 모두가 회피하고 있다. 만약 우리가 복음을 전하지 않으면 머지않아 교회는 텅텅 비어버릴 것이다. 한국 교회는 불타는 열정이 서서히 식어 가면서 영적 위기를 맞고 있으며 교회는 잠든 채 정체되고 말았다.

"저희가 그리스도의 일꾼이냐 정신없는 말을 하거니와 나도 더욱 그러하도다 내가 수고를 넘치도록 하고 옥에 갇히기도 더 많이 하고 매도 수없이 맞고 여러 번 죽을 뻔하였으니 유대인들에게 사십에 하나 감한 매를 다섯 번 맞았으며 세 번 태장으로 맞고 한 번 돌로 맞고 세 번 파선하는데 일주야를 깊음에서 지냈으며 여러 번 여행에 강의 위험과 강도의 위험과 동족의 위험과 이방인의 위험과 시내의 위험과 광야의 위험과 바다의 위험과 거짓 형제 중의 위험을 당하고 또 수고하며 애쓰고 여러 번 자지 못하고 주리며 목마르고 여러 번 굶고 춥고 헐벗었노라 이외의 일은 고사하고 오히려 날마다 내 속에 눌리는 일이 있으니 곧 모든 교회를 위하여 염려하는 것이라 누가 약하면 내가 약하지 아니하며 누가 실족하게 되면 내가 애타하지 않더냐"(고후 11:23-29).

"너희 말을 듣는 자는 곧 내 말을 듣는 것이요 너희를 저버리는 자는 곧 나를 저버리는 것이요 나를 저버리는 자는 나 보내신 이를 저버리는 것이라 하시니라"(눅 10:16).

이 땅의 눈물의 씨는 기쁨의 열매다(시 126:5-6).

모슬렘 지하드 자살 특공대는 10명 모집하면 500명이 모이고 떨어지면 눈물을 흘리고 간다고 한다. 그러나 우리는 전도하러 나오라고 하면 그들의 50분의 1이나 나오며 가장 어렵고 하기 싫어하는 것이 전도라고 말한다.

한 알의 밀알이 썩지 아니하면 그대로 있고 썩으면 많은 열매를 맺으리라고 말씀하신 것같이, 우리 한 사람 한 사람이 한 알의 밀알이 되어 희생하고 또 땀 흘려 복음을 전파하여 수천 수만의 열매를 맺어서 시대적인 사명을 다하는 성도들이 될 수 있기를 바란다.

제5강

예수의 좋은 군사(딤후 2:1-13)

충성이란 자기가 맡은 일에 항상 신실한 자세와 마음으로 임하는 것을 의미하기 때문에 충성은 곧 신실함이다.

누구나 말하는 것은 쉽다. 맡는 것도 쉽다. 무엇이 되는 것도 쉽다. 그러나 그 일에 신실과 성실을 다하는 것은 쉽지 않다. 대개의 경우 어떤 중책이나 중임을 맡게 되면 처음에는 각오를 단단히 하기도 하고 결심도 하지만 세월이 지날수록 변질되게 마련이다. 다시 말하면 세월이 지나갈수록 게을러지고 태만해지고 완고해진다.

그래서 한때의 충성은 쉽지만 일생의 충성은 어려운 것이다.

1. 충성이란?

첫째, 작은 일에 충성해야 한다.

물 한 방울 한 방울이 모여서 강물이 되고 티끌 모아 태산이 되듯 작은 일이나 작은 것에도 충성이 요구된다.

다윗은 양을 칠 때 사자나 곰이 와서 양 떼에서 새끼를 훔치면 따라가서 사자나 곰을 치고 그 입에서 새끼를 건져냈다(삼상 17:34-35). 작은 일에 충성한 자는 큰 일에도 충성할 수 있는 자인 것이다.

둘째, 언제나 충성해야 한다.

어진 아내는 어려울 때 알 수 있고 진정한 충신은 나라가 위태로울 때 알 수 있다. 송죽의 절개는 엄동설한이 오는 겨울이어야 알 수 있다. 신앙생활도 시련과 고난이 올 때 변함없이 충성할 수 있어야 한다.

누구 때문에 혹은 무엇 때문에 충성하지 못하는 환경을 탓할 것이 아니라 언제나 어디서나 충성해야 한다.

셋째, 죽도록 충성해야 한다(전심전력하는 신앙을 가져야 한다).

어떤 일이든지 맡은 자에게 구할 것은 충성이고, 죽도록 충성하는 것이 진정한 충성이다.

성경은 마음을 다하고 뜻을 다하고 힘을 다하고 목숨을 다하여 하나님을 사랑하라고 했으므로 전심전력으로 주님을 섬겨야 한다(딤전 4:15).

2. 좋은 군사란?

첫째, 고난을 견딘다.

군사는 고된 훈련으로 시작된다. 그리고 그 훈련은 군복을 벗는 날까지 계속된다. 전투를 위한 훈련, 극기 훈련, 유격 훈련, 사격 훈련, 정신 훈련, 제식 훈련, 행군 훈련, 비상 훈련 등 셀 수 없이 많은 훈련들을 잘 견디어 내야 한다. 땀을 적게 흘리는 군인은 피를 많이 흘리게 된다. 승리하는 군인이 되기 위해서는 피나는 훈련을 회피하지 말아야 한다.

예수 그리스도를 위해서 고난을 받는 성도는 신앙의 승리자가 될 수 있고, 고난을 받아야 영광에 동참할 수 있다. 성도의 눈물은 하늘의 면류관이 되고, 성도의 상처는 하늘의 보석이 되고, 성도의 땀은 하늘의 상급이 된다(딤후 2:10-11).

둘째, 자기 생활에 얽매이지 않는다.

군인 소집 영장을 받으면 맨 먼저 지금까지의 생활습관에서 떠나야 한다. 집을 떠나야 하고, 가족을 떠나야 하고, 직장이나 학교 생활을 중단하고 엄격한 규율과 통제 속에서 생활이 시작된다. 식사나 취침 시간, 자유 시간, 외출도 완전히 통제된다. 군기를 지키지 않으면 벌을 받게 된다.

바울이 말한 자기 생활에 얽매이지 않는다는 의미는 사생활이나 이전 생활 때문에 군대생활이 방해받아서는 안 된다는 것이다. 직장생활과 교회생활, 사회생활과 신앙생활을 똑같은 공식으로 적용하려고 하면 안 된다. 언제 보고 싶은 것 다 보고 자고 싶은 것 다

잔다면 그리스도를 위해 충성할 기회가 있겠는가?

예수님께서는 주님을 위해 집이나 아내나 형제나 부모나 자녀를 버린 자는 금세에 있어 여러 배를 받고 내세에 영생을 받지 못할 자가 없다고 말씀하셨다(눅 18:28-30).

셋째, 모집한 자를 기쁘게 해야 한다.

이는 최고사령관이나 국왕을 위해서 충성을 다하고 경우에 따라서는 목숨까지도 버린다는 것이다. 군인은 명령에 살고 명령에 죽는다는 말이 있다.

본문의 경우 모집한 자가 누구냐 하는 것이다. 즉 나를 군사로 부른 이가 누구냐 하는 것이다. 바로 주님이 나를 주의 군사로 부르신 것이다. 또한 주님께서 나를 훈련하신다. 그리고 주를 위해 살고 주를 위해 일하라고 일감을 주셨다. 좋은 군사는 최고사령관인 주를 위해 최선을 다해야 한다.

3. 전도자의 상급

4년마다 개최되었던 고대 올림픽에는 엄격한 규칙과 상이 있었다. 마라톤의 경우 최종 승자에게는 월계관이 수여되었다. 그런가 하면 그 당시 로마 군대 안에는 면류관을 상으로 주는 제도가 있었다. 개선장군에게 수여하는 승리의 면류관, 적군의 포위망을 뚫고 아군을 구출해 낸 장군에게 수여하는 해방의 면류관, 작은 승리를 거둔 장군에게 수여하는 작은 승리의 면류관, 적군의 성벽에 먼저 올라간 병사에게 주는 벽의 면류관, 적군의 진지에 먼저 침입한 병사에게 주는 침입의 면류관 등이 있었다. 그들은 썩을 면류관을 얻고자 하되 우리는 썩지 아니할 것을 얻고자 함이다.

성경에도 여러 곳에서 면류관에 대해 언급하고 있다.

① 썩지 않을 면류관(고전 9:25) : 이기기를 다투는 자마다 모든 일에 절제하나니

② 자랑의 면류관(살전 2:19) : 우리의 소망이나 기쁨이나 자랑의 면류관이 무엇이냐 그의 강림하실 때 우리 주 예수 앞에 너희가 아니냐

③ 의의 면류관(딤후 4:8) : 이제 후로는 나를 위하여 의의 면류관이 예비되었으므로(선한 싸움)

④ 생명의 면류관(약 1:12; 계 2:10) : 시험을 참는 자는 복이 있도다 이것이 옳다 인정하심을 받은 후에 주께서 자기를 사랑하는 자들에게 약속하신 생명의 면류관을 얻을 것임이니라

⑤ 영광의 면류관(벧전 5:4) : 그리하면 목자장이 나타나실 때에 시들지 아니하는 영광의 면류관을 얻으리라(양 무리의 본이 되라)

⑥ 금 면류관(계 4:4) : 또 보좌에 둘려 이십사 보좌들이 있고 그 보좌들 위에 이십사 장로들이 흰옷을 입고 머리에 금면류관을 쓰고 앉았더라

중요한 것은 면류관이 상급이라는 점이다. 누구에게나 아무렇게나 하나씩 던져 주는 것이 아니라 최고의 명예로 받을 만한 일을 한 사람에게 주는 상이라는 것이다. 올림픽 금메달을 받았던 사람에게

그때 그 느낌이 어떠했었느냐고 물으면 한마디로 설명할 수가 없을 것이다. 그 감격과 그 흥분, 그 황홀감은 표현할 수가 없을 것이다. 우리가 장차 하늘나라에서 받을 그 영광의 면류관을 이 땅의 올림픽 금메달과 비교할 수 있겠는가? 주님 다시 오실 그날까지 최선을 다해 복음을 증거하여 영광의 주인공들이 되어야 하겠다.

제6강

내 집을 채우라(마 22:1-14)

어떤 사람이 예수님께 와서 천국에 대해 질문했다. 예수님은 그의 질문에 비유로 답하셨다. 그 내용을 정리해 보면, 천국은 잔칫집과 같은 곳이라는 것이다. 그 잔치도 보통 잔치가 아니라 임금의 아들 혼인잔치라는 것이 예수님의 설명이다. 세상에서 임금님 집의 혼인잔치보다 더 풍성하고 아름다우며 기쁨과 즐거움이 가득한 곳은 아마 없을 것이다. 지상 최대의 잔치인 것이다.

우리의 삶이 임금님 집의 혼인잔치만 같아도 더 이상 바랄 것이 없을 것이다. 아마 그와 같은 삶을 천국의 삶이라 이야기하는 것은 천국은 그보다 더 좋은 곳이라는 뜻일 것이다.

미국의 유명한 사회학자 화이트는 "오늘날 세상은 위험의 정글

이며 슬픔의 도가니와 같아서 모든 사람들은 다 불안과 공포 속에서 살고 있다"고 말했다.

그러나 천국은 만족과 감사가 있는 곳이며 영생의 복을 주시는 곳이기 때문에 이 집을 채우라는 것이다.

먼저 믿은 사람들은 하나님 집의 종인 것이다. 그러므로 먼저 믿은 우리는 시내 골목길, 큰길까지 나가서 하나님의 잔치 빈자리를 채워야 할 의무와 책임이 있는 것이다.

하나님 나라에 참여하고 하나님 나라의 잔치에서 즐거움을 누리는 것은 참으로 행복한 일이다. 그리고 하나님의 초청을 받는다는 것은 얼마나 행복한 일인지 모른다. 하나님께서는 오늘도 하나님 나라의 영광스런 잔치를 베푸시고 누구든지 오라고 초청하신다.

하나님은 죄인 하나가 회개하면 회개할 것 없는 의인 99명을 인하여 기뻐하는 것보다 더 기뻐하시겠다고 말씀하셨다. 그는 집 떠난 아들이 돌아왔을 때 옷을 갈아입히고 반지를 끼우고 소를 잡고 잔치를 했다.

성경에 "오라"는 말이 무려 1,900번이나 기록되어 있다. 하나님의 심정을 이해하겠는가?

1. 한 사람은 밭을 샀기 때문에 잔치에 갈 수 없다고 한다

밭에 일하러 가고, 상점으로 장사하러 가고, 직장에 일하러 가고, 공장에 노동하러 가고, 학교에 공부하러 가는 일들이 나쁜 일은 아니다. 우리 일상에 필요한 일들이다. 문제는 세상일에 전념한 나머지 하늘의 일을 잊고 사는 것이다. 이는 다이아몬드를 버리고 유리 조각을 취하는 사람처럼 어리석은 사람인 것이다.

세상에 아무리 급하고 중요한 일이 있다 해도 하나님보다 먼저이거나 하나님 위에 있을 수는 없다. 있다면 우상이요, 그것은 죄악이다. 밭을 샀으므로 가 보아야 한다는 사람은 하나님의 사업보다 자기 육신의 사업이 더 중요하다고 생각하는 사람이다. 자기 일에 바빠서 하나님께 예배드릴 시간을 잊어버린다면 이는 무엇이 더 중요하며 무엇이 더 가치 있는지 모르는 사람이요, 무엇이 우선적인 일이고 무엇이 나중 일인지 모르는 어리석은 사람이다.

하나님의 잔치에의 초청처럼 큰 기쁨과 영광은 없다. 세상의 모든 것들은 순간에 지나가고 만다. 하나님과 더불어 소유한 물질일 때 그것은 축복이요 기쁨이 되지만 하나님 없는 물질은 죄악의 근본이 되는 것이다.

2. 새로 산 소 다섯 겨리를 시험해 보러 가야 하기에 잔치에 갈 수 없다고 한다

당시에는 소 없이 밭을 간다는 것은 불가능했다. 밭이 있어도 소가 없으면 밭을 갈 수 없었다. 오늘날로 표현하면 자동차를 새로 산 것과 같다. 오늘이 마침 시운전하는 날이다. 이 사람의 핑계는 일과 사업이다. 시간이 없다는 것과 가고는 싶은데 바빠서 시간을 낼 수 없다는 것이다.

소를 샀으니 시험을 해보는 것은 당연한 것이다. 그러나 하필 왕의 잔칫날 그 초대를 거절하고 시험해 보러 가야 하느냐는 것이다. 문제는 우리 생활에서 무엇을 더 중요하게 생각하느냐 하는 데 있다. 바쁜 일이 있다고 주일 예배에 빠지는 사람들이 이런 사람들이다.

그러나 일주일 내내 세상에 살다가 거룩한 주일이면 하나님 앞에 나아가 그분이 주시는 하늘의 만나, 생명의 양식, 그분의 기쁨과 평화, 위로와 소망 그리고 은혜와 축복을 가장 귀하게 여기는 사람은 어떤 일이 있어도 예배에 빠지는 법이 없다.

3. 장가들었으니 잔치에 참여할 수 없다고 한다

신명기 24장 5절에 보면 새 장가든 자는 아내를 즐겁게 해주기 위하여 1년간은 전쟁에도 안 나가고 일도 안 하고 쉬도록 하였다. 그래서 왕의 잔치에도 갈 수 없다고 했는지 모르겠다.

사람은 가정 없이는 살 수 없다. 사람은 사랑 없이는 살 수 없다. 가정은 곧 사랑의 온상이다. 하나님은 지상의 가정을 보금자리로 만들어 주셨다. 그러나 주님이 가정의 중심이 되지 못할 때 그 가정은 행복해질 수 없다.

결혼했기에 왕의 잔치에 불참한다고 한 것은 참으로 미련한 것이다. 영원한 기쁨과 행복을 포기하고 일시적 순간적 기쁨과 행복에 도취되는 미련한 사람인 것이다.

우리는 행복한 가정을 이루기 위해 하나님을 가정에 모셔야 한다. 우리 주님이 우리 가정의 주인이 되셔야 한다.

본문의 말씀은 하늘나라에 들어가는 일이 복되고 귀한 일인 줄은 알지만 실제로 그것을 위해서 결단하는 것은 얼마나 어려운 일인가를 우리에게 잘 보여주고 있다. 그들은 밭을 위해서, 소를 위해서, 결혼생활의 쾌락을 위해서 그 귀중한 초청을 사양했다.

오늘날도 마찬가지다. 요즘 사람들도 보다 더 좋은 생의 수단을 마련하고 여가와 쾌락과 오락들을 즐기기 위해서 하나님의 부르심을 외면해 버린다. 저들은 천국의 그 아름답고 귀한 잔치 자리를 포기한다. 얼마나 슬픈 일인가.

가장 쉽게 데리고 나올 수 있는 사람이 누구인가 생각하고, 그를 위해 집중적으로 기도하고, 그에게 호의와 사랑을 베풀고, 이때다 싶으면 강권하여 데리고 나와 등록시켜야 한다.

제7강

초대 교회 성도들의 신앙(히 10:32-39)

나치에 반대하여 정치적인 투쟁을 하다가 체포되어 무려 8년 동안이나 감옥에서 고생을 한 목사님이 있다. 독일 고백교회의 지도자인 마틴 리뮬러라는 목사님이다.

이분은 '이 나라를 건지려면 히틀러가 죽어야 한다. 저 히틀러는 적그리스도다. 2차 대전을 일으킨 용서할 수 없는 사람이다' 라고 생각했다. 그래서 정치운동을 하다가 감옥에 갇히게 된 것이다.

감옥에 8년 동안이나 갇혀 있으면서 목사님은 아주 한이 맺혔다. 히틀러를 향해서 "이 원수! 이 죽일 놈!" 하며 있는 대로 욕을 다 했다. 그러나 감옥에서 아무리 소리쳐 봤자 무슨 소용인가.

어쨌든 그렇게 원한을 품고 많은 고생을 하다가 2차 대전이 끝나면서 감옥에서 나왔다. 감옥에서 나올 때 얼마나 자유로워하고 얼마나 감사했겠는가. 히틀러는 이미 죽었다. 목사님은《전쟁 책임 고백서》라는 책을 썼다. 모든 전쟁의 책임은 히틀러에게 있다는 것이 그 책의 내용이었다.

그런데 그 후 목사님은 무려 일곱 번이나 똑같은 꿈을 꾸었다. 그 꿈은 자기가 죽어서 하나님 나라에 가 심판을 받기 위해 줄을 서 있는 꿈이었다.

모두들 차례차례 심판을 받았다. 그런데 문득 앞 사람이 큰소리로 심판받는 소리가 들렸다. 듣자 하니 누가 자기보다 먼저 죽어서 온 모양인데, 하나님께서 쩌렁쩌렁하게 "너는 어째서 예수 그리스도를 몰랐는고?" 라고 물으시는 것이었다.

그러니까 그 죄인이 대답하는 말이 "아무도 나에게 복음을 전해주는 사람이 없었습니다" 였다. 그런데 그 대답하는 소리가 낯이 익었다. 그래서 고개를 돌려 심판받는 사람을 봤더니 바로 히틀러였다는 것이다.

그 꿈을 꾼 뒤 목사님은 '히틀러가 저렇게 된 것도 내가 복음을 전하지 않았기 때문이다. 누가 히틀러에게 복음을 전했더냐. 내가 열심히 복음을 전하지 않았기 때문에 이같은 엄청난 일이 생긴 것이다' 라는 생각을 하게 되었다. 그래서 고백서의 내용을 바꾸었다.

"이것은 교회가 교회 일을 하지 않았기 때문이 아니라 복음을 바로 전하지 않았기 때문이다. 내가 하나님 앞에 해야 할 일을 성실하게 다하지 못했기 때문이다. 이 책임은 나 자신에게 있다."

1. 고난의 큰 싸움에 참은 것을 생각하라

초대 교회 성도들은 평안한 가운데 그리스도를 믿은 것이 아니다. 큰 환난과 시련과 핍박 등 갖가지 고난이 있었다. 이 고난을 참고 이기었기에 믿음의 능력이 있었던 것이다.

오늘날 신앙의 위기는 고난이 없는 평안의 때라는 것이다. 평안의 때에는 신앙이 나태하고 게을러진다. 오늘날 기독교 최대의 위기와 적은 안일과 나태다. 예수님은 조롱과 채찍질과 매맞음과 모욕과 멸시를 당하셨는데, 오늘날 그의 제자들인 우리는 모두 축복과 칭찬과 대접만을 원하고 있다.

2. 사람에게 구경거리가 되었다

초대 교회 성도들은 비방을 받았다. 사람들에게 조롱과 모욕을 받았고, 사회활동에 제약을 받았으며, 재산을 몰수당하고 감옥에 갇히는 일도 있었다.

초대 교회 성도들이 자신의 산업을 빼앗기는 것도 기쁘게 당한 것은 더 나은 영원한 산업이 있다는 것을 알았기 때문이다. 그러나 우리는 더 낫고 영원한 산업이 있는 천국보다는 이 땅에 더 많은 미련과 애착과 욕망과 소망이 가득하기 때문에 그 영원한 영광의 광채를 보지 못하는 것이다.

3. 담대함을 버리지 말라

고난과 시련과 역경이 온다 하더라도 하나님을 향한 그 용기를 버리지 말고 끝까지 하나님을 바라보고 나아가는 믿음이 필요하다. 죽기를 각오한 사람은 두려워할 것도 없고 세상에 부끄러워할 것도 없다. 초대 교회 성도들은 이렇게 세상이 감당할 수 없는 사람들이었다. 순교자들에게는 그 누구도 적수가 될 수 없다.

조롱만 당해도 교회를 떠나고, 오해만 당해도 시험에 빠지고, 누가 섭섭하게만 해도 신앙의 후퇴를 하고 있는 오늘의 성도들과는 너무나 거리가 멀고 영적인 차원이 다르다.

4. 인내가 필요하다

내 인생의 끝에서 주님이 기다리고 계심을 보고 확신할 때 중간에서 포기하지 않고 끝까지 인내할 수 있는 것이다. 믿음은 인내하는 것이다.

> "사도의 표 된 것은 내가 너희 가운데서 모든 참음과……"(고후 12:12).
>
> "애매히 고난을 받아도 하나님을 생각함으로 슬픔을 참으면 이는 아름다우나"(벧전 2:19).

믿음이란 어려움을 인내로 극복하는 것이다. 모든 위대한 인물들은 고난을 통과한 사람들이다. 선민 이스라엘 백성들은 수세기 동안 요압과 암몬, 앗수르, 바벨론, 헬라 등 많은 민족들에게 침략을 받았다. 그러나 지금 그 나라들은 다 멸망했으나 이스라엘은 천년 동안 망하지 않고 오늘날까지 건재한 것을 볼 수 있다.

산삼이 가치가 있는 것은 추위와 비바람 같은 역경 속에서 오랜 시간 자랐기 때문이다. 우리도 끝까지 인내해야 한다.

5. 믿음에서 앞서가야 한다

믿음으로 나아가지 않으면 하나님께서 기뻐하지 않으신다. 뒤로 물러나면 하나님께서 기뻐하지 않으시므로 뒤로 물러서지 않는 신앙이 살아 있는 신앙이다.

살아 있는 물고기는 물결에 의해 떠내려가지 않지만 죽은 물고기는 물 위에 떠서 물결에 의해 떠내려간다.

환경에 의해 신앙이 퇴보하고 고난 때문에 하나님과 멀어지는 것은 침륜에 빠지는 것이다.

그러므로 어떤 고난과 시련과 좋지 못한 환경에 처하게 되더라도 믿음의 사람은 하나님 앞으로 더 전진하고 승리하는 생활을 해야 한다.

제8강

바울의 구원에 대한 열정(롬 9:1-3)

사도 바울은 세계인 곧 이방인들에게 복음을 전해야 할 특별한 소명을 받은 사도였다. 그는 복음 전파를 위해 열심히 수고했지만 항상 그의 가슴속에서 떠나지 않는 사람들이 있었다. 바로 자기 동족인 이스라엘 백성이었다.

그의 가슴속에는 큰 근심과 고통이 그치지 않고 자리 잡고 있었다. 바울의 전도를 듣고 돌아오는 이방 사람들이 늘어갈수록 그의 동족은 그를 심히 배척하고 핍박을 하였다. 복음을 모르는 동족들이 불쌍하게 보이면 보일수록 바울의 고통은 커졌다.

"나의 형제 곧 골육의 친척을 위하여 내 자신이 저주를 받아 그리스도에게서 끊어질지라도 원하는 바로라"(롬 9:3).

바울은 그리스도를 위해 살았고 그리스도를 얼마나 사랑하였는가? 그러나 그토록 사랑하는 주님께 저주를 받는다 할지라도, 자신이 주님 앞에 전멸을 당하는 한이 있더라도 동족만 구원할 수 있다면 여한이 없겠다고 간절히 울부짖었다. 그만큼 바울은 자기 동족의 구원을 위해 끊임없이 고통하는 사람이었다.

사실 바울이 이런 심정을 가졌다는 것은 놀라운 일이다. 바울은 일생 동안 자기 동족으로부터 끊임없이 박해를 당했다. 바울을 일생 동안 괴롭히고 해를 끼친 사람은 이방사람이 아니라 그의 동족이었다. 돌로 친 사람도 동족이요, 감옥에 가둔 사람도 동족이었다. 사지를 찢어 죽이겠다고 예루살렘에서 소동을 벌인 자도 동족이었고, 사사건건 미움과 박해를 가한 사람도 동족이었다. 그들은 인간적인 측면에서 볼 때는 이를 갈며 미워할 수밖에 없는 원수였다.

그럼에도 불구하고 바울은 그들을 미워하지 않았다. 그들의 죄는 미워했지만 그들의 영혼은 미워하지 않았다. 동족으로부터 미움을 받으면 받을수록 자기 동족을 긍휼히 여기는 바울의 마음은 더욱더 간절했던 것이다. 왜 그랬을까? 그가 하나님의 심정을 가지고 있었기 때문이다.

복음을 사랑한 열정으로 그는 하나님 앞에 엎드릴 때마다 이스라엘 백성들을 구원해 달라고 눈물로 매달렸다. 그는 안타까운 마음을 억누르지 못해 밤낮으로 기도하는 것을 쉬지 않았다. 바울은 구원받지 못하고 있는 동족을 바라보면서 끊임없이 고통하고 괴로워했다. 바울의 고통에는 자기 민족을 불쌍히 여기는 마음이 담겨 있었다는 것을 알 수 있다.

구원받지 못한 내 이웃, 내 동족을 생각하는 고통이 내 마음 가운데 있는가? 이웃과 동족을 생각하는 끊임없는 고통이 있는가? 나 자신을 저주받는 자리에 내놓는다 할지라도 형제를 구원하고 싶다는 간절한 소원이 있는가? 내가 주님을 알게 된 것이 소중하고 귀한 것이라면, 구원받은 감격이 있다면, 내가 주님을 알게 된 것이 감사하다면, 주님이 십자가에서 피흘려 죽으심으로 말미암아 죄 사함받고 멸망에서 구원받은 감격이 있다면 반드시 이런 또 하나의 고통이 있을 것이다. 민족을 구원하고자 하는 마음이다.

'이렇게 교인이 많은데 전도를 또 해?' 라고 생각하는가? 교회에 처음 나온 사람에 대해 반기는 기색이 없다든지 교회가 큰 것에 안주한다면 이것은 심각한 증세가 아닐 수 없다. 우리끼리 구원받아 행복만을 추구한다는 것은, 교회가 크다고 해서 전도에 무관심해도 된다는 것은 교회의 사명에 맞지 않다. 만약에 교인이 많다고 해서 주님을 모르는 자에 대한 관심이 없다면 그 큰 교회는 무너질 수밖에 없다.

우리는 땅 끝까지 주님을 전하라는 명령에 순종해야 한다. 전도는 가까운 내 형제 내 동족부터 해야 한다. 나의 형제, 곧 골육의 친척이란 가장 가까운 사람부터 먼저 관심을 가져야 한다는 의미이다. 가족이든지 회사 직원이든지 이웃이든지 간에 가까이 있는 자들은 소위 우리들이 전도할 영역 안에 있는 사람들이다.

> "누구든지 자기 친족 특히 자기 가족을 돌아보지 아니하면 믿음을 배반한 자요 불신자보다 더 악한 자니라"(딤전 5:8).

사도 바울은 형제 골육의 친척이 그리스도를 믿어 구원받는 것이 소원이었다. 그런데 그들이 쉽게 주님을 믿지 아니함으로 마음에 큰 근심과 고통이 있었다. 왜 바울은 이토록 큰 고통과 근심을 가졌을까? 가까운 가정부터 구원해야 한다.

1. 불신 남편을 인도해야 한다

하나님이 세우신 기관은 가정과 교회밖에 없다. 그러므로 마귀가 가정과 교회를 얼마나 공격하는지 모른다. 하나님이 짝 지어 주신 것을 사람이 나누어서는 안 되며, 서로 사랑과 순종으로 행복한 부부가 되기를 힘쓰며, 남편을 주님께 인도하기 위해 힘써 기도하여 노력하면 반드시 구원해 주신다.

2. 자녀들을 주님께 인도해야 한다

부모가 믿음의 본을 보일 때에 그 자녀가 훌륭한 믿음의 자녀가 될 수 있다. 이는 청결한 양심과 거짓이 없는 믿음을 가진 디모데를 통해 알 수 있다(딤후 1:5).

집을 나간 탕자가 돌아왔을 때 용서하고 환영하며 잔치를 베푸는 아버지의 모습에서 사랑의 부모상을 엿볼 수 있다(눅 15:11-32).

3. 부모를 전도해야 한다

자녀들은 부모님에게 빚진 자들이다. 부모님의 큰 희생을 통해 자녀들이 오늘에 이르게 되었다면 효도하는 것이 마땅하며, 그리스도께 인도하는 것이 가장 큰 효도요 공경이다(엡 6:1).

4. 형제를 주님께 인도해야 한다

하나님이 나를 먼저 구원해 주신 것은 나만 구원받고 천국 가라는 것이 아니다. 나를 우리 가정의 전도자로 세우신 것이다. 예수님의 제자 안드레도 예수님을 만난 뒤 그의 형 베드로를 주님께 인도했다(요 1:41).

5. 친구를 주님께 인도해야 한다

예수님의 제자 빌립이 예수님을 만나고 제일 먼저 찾아가 전도한 사람은 나다나엘이었다(요 1:45).

제9강

여리고 성아 무너져라(수 6:1-5, 16-21)

2차 대전 중 윈스턴 처칠이 어느 날 탄광촌을 방문했다. 광부들이 모인 자리에서 그는 이렇게 연설했다.

"먼 훗날 당신의 후손들이 '그토록 처절했던 전쟁의 날 당신은 무엇을 했습니까?' 라고 묻는다면 여러분은 자랑스럽게 이렇게 대답하십시오. 군인과 포탄을 나르는 기차를 달리게 하고, 방아쇠를 당기는 군인의 손을 녹이기 위해 나는 깊은 갱 속에서 석탄을 캐고 있었노라고."

그렇다. 후에 주님이 우리에게 "너희는 세상에서 무엇을 하다가 왔는가?" 라고 물으신다면 우리는 어떤 대답을 할 수 있겠는가? 우리는 전도인으로서 하나님께 택함 받은 자부심을 가져야 한다. 감사해야 한다. 초대 교회 교인들은 전도인이라 불렸다. 얼마나 위대한 하늘의 직분인가. 우리는 끝까지 주님의 복음을 전해야 한다(마 28:19-20). 우리가 주님의 말씀을 지키며 살아갈 때에 시편에서 약속해 주신 것처럼 자녀, 후대의 축복 또한 받아 누릴 수 있다(시 112:1-3).

우리가 살아가는 시대는 기적이 부재하는 시대인 것처럼 느껴진다. 그러나 하나님이 그의 백성들과 함께하시는 한 기적은 날마다 일어난다. 하나님의 기적은 먼 옛날 여호수아의 여리고 성 점령으로 끝난 것이 아니다.

1. 굳게 닫힌 성벽

이스라엘 백성은 가나안에 들어갈 것이라는 기대 때문에 목마름을 참아야만 했다. 배고픔도 참고, 가족이 죽어 가는 아픔도 참아야 했다. 그런데 가나안의 첫 성으로 만난 것이 이토록 강한 여리고였으니 백성들이 두려움으로 떨 수밖에 없었다.

고고학자들에 의하면, 여리고 성은 국방력이 강하고 쌍벽을 쌓을 만큼 경제력이 풍부한 성이었다. 안쪽 벽이 4미터, 바깥 벽이 2미터, 그 간격이 5미터, 그 위에 굵은 나무들을 사용한 난공불락, 금성철벽 그 자체였다. 칼이나 창, 인간적인 힘으로는 도저히 무너뜨릴 상상조차 할 수 없었다.

굳게 닫힌 여리고 성은 이스라엘이 공격하는 데 큰 장애였다. "이스라엘 자손들로 인하여 여리고는 굳게 닫혔고 출입하는 자가 없더라"(수 6:1)라고 말씀했다. 여리고 성 사람들이 성문을 굳게 닫은 것은 여호수아와 그의 군대를 두려워했기 때문이었다.

사실 우리는 전도하기 전에 사람 만나기를 두려워한다. 그러나 여리고 성 거주민들을 통해 한 가지 얻을 수 있는 교훈은, 전도 대상자들도 전도인들을 두려워한다는 것이다. 그들을 향해 나아갈 때에 두 명의 정탐꾼들의 보고인 '그들은 우리의 밥' 임을 기억해야 한다. 그럴 때에 그들을 향해 담대하게 나아갈 수 있다. 하나님의 전적인 도우심으로 여호수아의 군대는 여리고 성을 피 흘리지 않고 점령했다.

2. 절대 복종

8-9절에 "여호수아가 백성에게 이르기를 마치매 제사장 일곱이 일곱 양각나팔을 잡고 여호와 앞에서 진행하며 나팔을 불고 여호와의 언약궤는 그 뒤를 따르며 무장한 자들은 나팔 부는 제사장들 앞에서 진행하며 후군은 궤 뒤에 행하고 제사장들은 나팔을 불며 행하더라" 라고 말씀했다.

10절을 보면 백성들 역시 여호수아의 명령대로 복종하고 행동했다. 군기가 깨어지고 명령 계통에 금이 간 군인은 군인 구실을 제대로 할 수 없다. 하나님의 군대도 마찬가지로 명령과 복종은 생명과도 같다.

성경 전체를 보면 하나님의 말씀을 듣고 순종하고 복종한 사람들은 축복을 받았고 생명을 받았다. 그러나 불순종한 사람들은 한결같이 저주를 받았고 생명을 빼앗겼다. 아담과 하와는 불순종한 죄로 에덴에서 쫓겨났다. 노아는 복종함으로 구원을 받았다. 사울왕은 불복종함으로 왕좌에서 밀려났고, 다윗은 순종하여 왕위에 오르게 되었다.

여호수아가 승리한 것은 하나님의 명령에 복종했을 뿐만 아니라 제사장과 백성에게 전했고 그들 역시 즉시 절대 복종했기 때문이다. 전능하신 하나님의 명령을 복종함으로 복을 받으며 승리하는 전도인(성도)이 될 수 있다. 하나님의 방법은 인간의 작전 계획과 다를 수 있다. 너희는 아무 말도 내지 말라. 외치지도 말라. 음성도 들리게 말라. 부정적인 말을 하지 말라.

3. 하나님이 맡기셨다는 믿음

오늘 우리에게 주시는 주님의 음성은 "여호와께서 이 성을 너희에게 주셨느니라"이다. 엿새 동안 이스라엘은 여리고 성을 돌았으나 성은 꿈쩍도 하지 않았다. 우리가 세상을 살아가다 보면 주님께서 나에게 주신 꿈이 희미해져 가며 아무런 희망이 없다고 느껴질 때가 있다. 그 순간에 조금 더 참고 하나님의 말씀대로 살아간다면 밝은 승리의 날이 찾아온다.

이 세상에서 무슨 일을 만나더라도 하나님이 전적으로 내게 맡기셨다는 믿음이 중요하다.

4. 하나님이 하신다

감히 하나님께서 계획하신 목적과 진리를 막을 성벽은 이 세상 어느 곳에도 존재하지 않는다. 여리고 성은 단순히 이스라엘 백성들의 함성으로 무너진 게 아니다. 그들은 오직 하나님이 무너뜨리실 것에 대한 믿음으로 너무 기뻐서 감격의 환성을 지른 것뿐이다. 여기 신앙의 나팔이나 백성들의 함성은 불신앙의 신음이나 낙심한 심령들의 한숨소리와는 차원이 다르다.

한 영혼을 구원하는 일도 마찬가지이다. 오직 하나님이 시작하셨으니 하나님이 이루실 것이라는 확신을 가져야 한다. 역사의 주관자 되시는 하나님께서 원하시기만 한다면 어디서든지 또한 언제든지 일어날 수 있는 것이 기적이다.

우리는 굳게 닫힌 세상을 향하여 모든 불신앙의 요소들, 우상들을 향하여 '무너져라!' 라고 외쳐야 한다. 여러분의 여리고 성은 무엇인가? 여리고 성아, 무너져라!

"내가 산을 향하여 눈을 들리라 나의 도움이 어디서 올꼬 나의 도움이 천지를 지으신 여호와에게서로다"(시 121:1-2).

제10강

복음 전하기를 소원하자(롬 1:14–17)

2007년도에 미국 샌프란시스코에 사는 한인 2세 제임스김이라고 하는 사람은 사랑하는 아내와 두 딸을 데리고 자동차 여행을 하다가 눈보라 치고 눈이 많이 쌓여 그만 길을 잃고 고립되었다. 연락이 되지 않자 그의 가족들은 사랑하는 가족을 찾기 위해서 실종 신고를 했다. 이 아버지는 그 사랑하는 가족을 찾기 위해 자기의 전 재산을 들어서 사립수색대원들을 보내고 인공위성을 통해서 계속 찾고 찾았는데 마침내 실종신고 한 지 9일 만에 잃어버린 차를 발견했으나 그 안에는 며느리와 두 딸만 있었다.

아들은 자기 힘으로 가족을 구원해 보겠다고 직접 구조를 요청하기 위해 차문을 열고 밖으로 나갔는데 그만 눈보라 속에서 길을 잃었다. 한참을 헤매었지만 자기가 떠나온 차량을 찾지 못하고 차량에서 불과 800m 떨어진 곳에서 그만 싸늘한 시체로 발견되고 만 것이다.

아들을 찾기 위해서 자기의 모든 것을 다 걸었던 그 아버지처럼 바로 2000년 전 하나님은 방황과 삶의 목적을 모르고 죽음과 좌절을 향해하고 있는 실종된 우리를 찾기 위해 외아들 예수 그리스도를 보내주셨다.

"인자가 온 것은 잃어버린 자를 찾아 구원하려 함이니라"(눅 19:10). 예수님이 오신 목적이 잃어버린 자를 찾아 구원하기 위해서 오셨다고 하신 것처럼 길을 잃어버린 자, 병든 자, 죄인들을 찾아오신 것이다. 예수님이 이 땅에 오신 목적은 자기 철학을 전파하기 위함이 아니고 병 고치기 위한 것도 아니며 구원을 주시기 위해서 오셨다. 바울은 "내가 복음을 부끄러워하지 아니하노니 이 복음은 모든 믿는 자에게 구원을 주시는 하나님의 능력이 됨이라 먼저는 유대인에게요 그리고 헬라인에게로다"(롬 1:16). "나의 자녀들아 너희 속에 그리스도의 형상을 이루기까지 다시 너희를 위하여 해산하는 수고를 하노니"(갈 4:19). 결코 한 사람을 전도하여 성숙한 그리스도인이 되게 하는 일은 쉬운 일이 아니다.

더글라스 포터가 쓴 《효과적인 복음전도 이렇게 하라》에서 "교회가 희생적으로 감당해야 할 사명 중에서 전도는 최우선적인 것이다. 세상을 복음화시키기 위해서는 온 교회가 온전한 복음을 온 세상에 전해야 한다. 교회는 하나님의 우주적 목적의 중심에 서 있으며 복음 전파를 위해 하나님께서 정하신 방편이다"라고 하였다. 그러므로 교회는 어떤 희생을 해서라도 최우선으로 복음전도에 힘을 기울여야 한다. 칼뱅은 말하기를 "신앙의 본질은 그 빛을 끄지 않고 이를 사방에 퍼뜨리는 것이다"라고 하였다. 살아 있는 교회, 능력 있는 교회, 하나님의 역사가 계속 일어나는 교회는 불을 끄지 않고 계속 타오르게 하여 그 빛을 사방으로 퍼뜨리는 교회이다.

교회의 존재 이유 중 중요한 목적은 잃어버린 영혼을 찾아 구원하는 것이다. 이 목적과 사명을 잊고 우왕좌왕해서는 안 된다. 교회는 유람선이 아니다. 유람선은 관광객을 태우고 호수에 강을 띄워 배 안에서 즐기고 많은 것을 먹고 노는 곳이다. 그러나 교회는 예수 그리스도의 마음을 품고 잃어버린 영혼에 대해서 찾고 그를 건지는 일이다. 이에 최선의 노력을 경주해야 할 것이다.

이승훈이라는 소년은 집안이 어려워 학교를 다니지 못하고 그는 9세에 큰 장사하는 유기전(놋그릇) 심부름하는 곳에서 일하게 되었다. 너무나 성실하고 머리도 좋고 부지런해 일을 잘해서 주인의 마음에 쏙 들었다. 9세에 취직해서 15년이 지나도 한 번도 주인의 마음을 실망시켜 본 일이 없다. 이 사업을 이어 받아 새벽 4시부터 열심히 장사해서 평양 전체에서 제일 큰 갑부가 되었다. 떵떵거리고 부러울 것 없이 살았다. 그런데 청일전쟁이 일어나자 이승훈 유기전도 일본에 빼앗기게 되었다. 그것이 억울해서 항의하다가 일본 군인에게 잡혀서 죽도록 매 맞고 좌절감에 대동강에 자살하러 가는데 도산 안창호가 대동 강변에서 백성들을 앞에 놓고 연설하고 있었다.

'예수 그리스도가 있으면 조선이 살 것이요 민족이 일어날 것이요 개인이 잘 될 것이다.' 그는 이 연설에 큰 감동을 받고 예수 그리스도를 믿기로 하고 교회가 나가게 되었다. 나중엔 큰 뜻을 품고 수많은 민족 지도자를 배출하는 오산학교 교장을 지냈으며 나중에 동아일보 사장이 되어서 수많은 사람들에게 민족의 자긍심과 소망을 일으켜 주신 남강 이승훈 선생이다.

이분은 돌아가시는 순간에도 '나의 영혼이 죽어 영원한 천국에 갈 터인데 내가 육신을 아낄 것이 무엇이냐' 말하면서 자기 몸을 세브란스병원에 기증하여 후배 학자들이 연구 도구로 쓰도록 하시고 영광스럽게 천국에 올라가셨다. 청교도의 역사를 보면 바이킹(해적)에게 붙들려 간 여성들이 노예와 같이 생활하는 속에서 원치 않는 아이들을 낳게 되었다. 그런데 낳은 아이들을 기독교인으로 키우고 이들이 청교도의 뿌리가 되었다. 어떤 악조건 속에서 복음을 끝까지 전하라고 예수님께서 우리에게 부탁하셨다. 우리도 지상명령 복음을 끝까지 전할 수 있어야 하겠다.

미국의 교회 성장연구소에 따르면 미국 서부 해안의 4000명의 새 가족들을 접견하고 여론을 조사하였다. 그들이 교회에 출석하게 된 동기를 조사 보고하였다.

8%가 스스로 교회에 나왔으며 3%는 교회의 특별한 프로그램으로 교회 출석하였고, 12%는 목회자가 마음에 들어서 교회를 선택하였다. 4%는 자신의 특별한 욕구에 의해서 나왔고, 4%는 주일학교를 통해서 교회를 알게 되었으며 70%는 친척이나 친구들의 권유를 통해서라고 하여 절대적인 수가 가까운 사람들의 전도에 의해서

결신하게 되었다라고 하였다.

오늘날 기독교의 위기는 전도의 문이 닫히고 좁아지고 있다는 것이다. 사회문화의 발달로 삶의 질이 높아지고 더 많은 세속주의와 함께 이단의 출현과 타종교의 열심 때문에 전도가 쉽지 않다는 것이다. 분명 우리가 복음을 전하기 위해서 적극적이고 지역을 장악하기 위해서는 공격적으로 해야 하는 것이다.

코가콜라 회사가 세계적인 회사 되는 것에는 광고의 역할이 크다. 그 물건을 사기까지는 적어도 18회 이상의 광고를 보게 된다고 한다. 이렇게 여러 번 광고를 접하면 그것이 입력이 되어 사람들이 필요를 느끼게 되고 구매하게 된다는 것이다. 오래전 우리나라에서 가장 잘나가는 아이스크림 제조업체가 있었다. 정말 아이스크림 하면 그 회사가 생각이 날 정도였다. 그런데 어느 해는 비록 아이스크림을 먹지 않는 추운 겨울철이지만 광고는 계속 해야 한다고 직원은 말했으나 경영자들은 비싼 광고비를 추운 겨울에 지불하는 것은 효율적인 경영이 아니라고 했다. 겨울에 광고하지 않고 여름이 되면서 광고를 했다. 그런데 다른 회사는 겨울 내내 광고하고 제품을 내놓았다.

놀랍게도 겨울 동안 광고한 회사 제품 쪽으로 사람들의 관심이 쏠리게 되었다. 유명한 그 회사는 문을 닫게 되었다. 전도에서도 적용해야 하는 것은 지금 때를 얻든지 못 얻든지 전도해야 교회가 살아날 수 있다. 한 사람을 전도하는 데 17-18년 정도가 필요하다는 전도협회의 연구 보고도 있다. 그래서 이런 전도 구호가 나오게 되었다. 1000번 기도하고 100번 전화하며 편지하고 10번 찾아가야 교회에 나오게 된다. 10번 찍으면 안 넘어가는 나무가 없다는 것이다. 심은 대로 거둔다. 많이 심으면 많이 거두고 적게 심으면 적게 거두게 될 것이다.

제11강

돌아온 탕자(눅 15:11-24)

아버지의 피땀 어린 재산을 창녀와 놀아나면서 다 탕진하고 돼지를 치는 남의 집 품꾼으로까지 전락하였다가 끝내는 견디지 못하고 돌아온 자식이 있다. 이런 경우 여러분은 어떻게 하겠는가?

인간은 하나님을 떠나서는 살 수 없다. 이는 마치 물고기가 물을 떠나서 살 수 없는 것과 같다. 그런데 인간들은 자꾸만 하나님의 품 안에서 떠나려고 한다.

탕자는 아버지의 집이 싫었다. 집을 떠나 보고 싶었다. 아버지의 그늘에서 벗어나 보고 싶었다. 아버지의 품을 떠나서 혼자서 마음대로 살아 보고 싶었다. 마음대로 돌아다니고 마음대로 놀아 보고 돈도 써보고 마시기도 하고 놀기도 하고 모험도 해 보고 싶었다.

그래서 아버지에게 집을 나가겠다고 했다. 그랬더니 탕자의 아버지는 한사코 말렸다. 집을 떠나면 고생밖에 없으니 좋은 환경에서 나와 함께 살자고 만류하였다.

하나님은 오늘도 떠나려는 사람들을 붙잡고 제발 떠나지 말라고 만류하시는데 세상의 탕자들은 자꾸만 하나님의 곁을 떠나려고 몸부림을 친다. 아버지의 마음을 아프게 하는 죄는 아버지의 사랑을 거절하고 집을 나간 데 있다.

부모 되신 여러분! 만일 여러분의 사랑하는 아들이 여러분이 싫다고 가출했다고 생각해 보라. 그 마음이 얼마나 아프겠는가?

아버지를 떠났다는 그것 하나만으로도 무서운 죄가 되는 것이다. 어렸을 때는 고분고분 교회에 잘 다니던 아이들도 좀 크고 머리가 커지면 모두 탕자처럼 아버지 집에 있으려 하지 않는다. 모두 그 품을 떠나려고 한다. 나가서 훨훨 날아 보려 하고, 자유로운 몸이 되어 방황도 해 보고 싶어 하고 취해 보려고도 한다. 우리들의 심성에도 모두 이 같은 탕자의 심성이 다 들어 있다. 주일만 해도 그렇다. 예배당에 분명히 나와 앉아 있어야 할 사람들이 안 나온다. 바빠서 못 나온 것이 아니다.

성경이 말하고 있는 죄란 인간이 도덕적으로 법률적으로 짓는 죄가 아니다. 하나님을 등지고 사는 것이 죄요, 나 자신과 등지고 사는 것이 죄이다.

하나님의 창조질서를 파괴한 아담이 자기 주장을 할 때 죄가 생겨나는 것이다. 하나님 아버지의 질서를 떠나서 자기 마음대로 사는 사람들에게 타락과 죄악이 찾아오는 것이다. 하나님의 품을 떠날 때 결국 우리는 탕자의 운명밖에 될 수 없다.

오늘날 마귀는 하나님의 품을 떠나게 하려고 한다. 그것이 곧 타락이며 범죄를 저지르게 하는 원인이 된다.

1. 아버지 집을 떠난 탕자의 모습은 어떠했는가?

작은아들은 아버지로부터 받은 재산을 가지고 집을 나가서 허랑방탕했다. 처음 며칠은 재미가 있었다. 자유를 만끽했다. 실컷 마셔도 보고 취해 보기도 했고 화려하게 방탕도 해 보았다. 그러나 돈이 다 떨어졌다. 설상가상으로 흉년이 들었다. 그는 의식주를 연명하기 위해 걸인이 되었고, 유대인들이 수치로 여기는 돼지를 치는 일꾼이 되었다. 더욱 비참한 것은 돼지가 먹는 쥐엄열매조차 먹을 수 없었던 것이다. 돼지 인생이 되었다.

하나님의 품을 떠나면 죄악의 종이 되고 만다. 하나님의 품을 떠나면 재미가 있는 줄 알았다. 무슨 수가 나는 줄 알았다. 거기에 깨가 쏟아지는 줄 알았다. 거기에 무한한 무지개와 같은 행복이 있는 줄 알았다. 그래서 주저함 없이 아버지 집을 떠났다. 그러나 하나님을 떠난 인간은 조만간 반드시 불행해지고 만다. 잠시 즐거움을 얻은 것 같으나 결국은 수치와 슬픔, 불행이 닥치는 것이다.

탕자는 돼지가 먹는 음식인 쥐엄열매마저 주는 자가 없었다고 했다. 범죄한 자는 사람들도 버린다. 세상이 버렸고 그는 홀로 되었다. 갈 곳이 없었다. 불안했다. 삶의 의미를 잃고 돼지우리 안에서 잠을 자야 했다. 실컷 고생을 했다. 그는 소외의 자리에서 눈물을 흘리며 울부짖었다.

'아! 내가 아버지 집을 떠나온 것이 죄로구나…….'

그러고는 하염없이 고독하게 눈물을 흘렸다. 그렇다. 하나님을 떠난 인간은 불행해지고 비참해지며 고독해진다. 하나님을 떠난 인간은 천하보다도 귀한 존재임에도 불구하고 돼지보다 못한 존재가 되었다. 탕자의 인간 가치는 돼지만도 못한 위치로 전락해 버리고 말았다. 부잣집의 작은아들이 거지가 되었다.

인간의 온갖 불행, 질병과 슬픔과 실패와 죽음이 다 죄로 말미암아 오는 것이다. 멀리 멀리 갔더니 처량하고 곤하며 슬프고도 외로워 정처 없이 다니네.

하나님을 떠난 사람은 처량하다. 곤고해진다. 슬픈 인생이 되어 외롭고 정처 없이 헤매는 비참한 인생이 된다.

오늘의 탕자는 누구인가? 하나님을 알지 못하고 황금에 미쳐 살고 성에 미쳐 사는 그런 사람들은 하나님을 찾지 못한 사람들이다. 하나님을 찾아 미쳐야 하는데, 열심히 잘못된 방향으로 미쳐 있다.

이 세상 것들에라도 미치지 않고는 사람은 허전해서 살 수가 없다는 것이다. 도스토예프스키의 말대로 하나님을 찾았으니까 다행이지 그렇지 않았다면 그 외로움을 달래기 위해서 황금에 미치든지, 알코올에 미치든지, 주색잡기에 미치게 되었을 것이다.

2. 비참한 자리에서 일어나서 아버지 집으로 가야 한다

"이에 스스로 돌이켜 가로되 내 아버지에게는 양식이 풍족한 품꾼이 얼마나 많은고 나는 여기서 주려 죽는구나"(눅 15:17).

탕자는 뉘우쳤다. 깨달았다. 굶주림이 직접적인 동기였다. 그렇다. 불행과 역경이 자기를 발견하는 촉매가 되는 것이다. 그럼에도 불구하고 돌이키지 않으면 영원히 희망이 없다.

탕자는 하늘과 아버지께 범죄한 줄을 깨달았다. 그러니 감히 아버지의 아들이라고 말할 자격도 없다고 생각했다. 다만 이제는 품꾼의 하나로 써 주어도 감사하다는 생각이었다.

그래서 그는 아버지 집으로 돌아가기로 결심했다. 얼마나 지혜로운 판단인가! 고집부리지 않고 더 타락하지 않고 더 고생하지 않고 집으로 발길을 돌린 것이 얼마나 다행인가!

이것이 하나님이 주신 지혜이다. 이것이 하나님의 은총인 것이다. 교회에 와서 '내가 고귀한 신분이구나. 하나님의 자녀로구나' 라고 느꼈다가도 세상에 나가서는 도로 잊어버리고 방황하며 거지처럼, 탕자처럼, 목표를 잃은 건망증 환자처럼 살고 있지는 않은가?

탕자가 회개한 순서를 정리해 보자.

탕자는 먼저 스스로 돌이켜 자기를 보았다. 자기가 어디에 있으며 무엇을 하고 있는지, 자기 마음이 어떤지, 자기 모습의 실존을 보았다.

그리고 옛날 자기 모습과 비교해 보았다. 여기서 분명히 다른 점을 알았다. 지금의 자기가 잘못되었음을 발견했다. 그래서 그는 곧 후회하기 시작했다. 자기 자신의 행위를 후회하고 타락한 생활을 미워하기 시작했다. 그리고 그는 결심했다. 그 자리에서 떠날 것을 말이다.

만일 누구든지 실제로 변화되기를 원한다면 그 자리, 그 상태에서 박차고 일어나야 한다.

그는 그곳에서 지체하지 않고 일어나 방황하지 않았다. 돌아갈 방향을 바로 알았던 것이다. 그는 아버지에게 사죄하고자 결심했던 것이다.

3. 아버지 집에 돌아온 아들에 대한 아버지의 사랑은 무엇인가?

탕자는 당장에 마음을 먹고 결심한 바를 행동으로 옮겼다. 진실한 회개는 언제나 이런 것이다. 실행을 뒤로 미루지 않는다. 미루는 결심은 거짓 결심이다. 그는 아버지에게 복종할 것을 결심했다.

그는 아들 될 자격이 없으니 아버지의 집에서 품꾼이 되게 해 달라고 간청하리라고 결심했다. 그것은 죗값을 달게 받겠다는 의지였다.

탕자는 진정한 회개를 했다. 탕자는 자신이 깨끗해질 때까지 기다리지 않았다. 자기에게 잘 어울리는 옷을 갈아입고 가려고 하지도 않았다. 그냥 갔던 것이다.

아직 거리가 먼데 아버지가 그를 보고 측은히 여겨 달려가 목을 안고 입을 맞추었다. 이것은 아버지가 아들을 얼마나 기다리고 있었는가를 알려 준다. 측은히 여겼고, 달려가 껴안았고, 입을 맞추었다는 말은 아버지의 적극적인 사랑을 묘사하는 말이다. 이는 아버지의 기쁨이 어떠한 것인가를 잘 반영해 주는 말이다. 비록 남루한 모습으로 돌아온 아들이지만 아버지는 기쁘기 그지없었다. 그렇다. 우리가 하나님을 향하여 한 걸음 나아가면 하나님은 벌써 아시고 우리를 향하여 열 걸음 달려오신다.

하나님의 사랑은 우리에게 어떤 의나 공로가 있어서가 아니라 무조건적이다. 하나님은 회개한 죄인을 무조건 용납하시며, 죄인의 회개를 도리어 크게 기뻐하신다. 그리고 하나님의 사랑은 인간의 사랑과 비교할 수 없을 정도로 크고 무한하다.

아버지 집에 돌아온 아들이 "아버지여 내가 하늘과 아버지께 죄를 얻었사오니 지금부터는 아버지의 아들이라 일컬음을 감당치 못하겠나이다" 하나 아버지는 종들에게 제일 좋은 옷을 입히고 손에 가락지를 끼우고 발에 신을 신기라고 하였다. 아들은 사죄의 말을 다 하지도 않았는데도 아버지는 돌아온 아들의 마음을 알기에 아들의 말문을 막고 종들에게 아들을 위한 일을 분부했던 것이다.

아버지는 "내 아들은 죽었다가 다시 살아났으며 잃었다가 다시 얻었노라"고 했다. 그렇다. 아들은 죽었다가 다시 산 것이요, 잃었다가 다시 찾은 것이다. 하나님을 떠난 자는 영적으로 죽은 자요, 회개하고 하나님께 돌아온 자는 산 자이다. 영생을 얻은 자이다.

제12강

우리가 바라는 바로 그 교회(행 2:37-47)

교회는 장차 천국에 들어가서 살 사람들이 천국에 가기 전에 세상에 있는 동안 함께 모여서 천국생활을 미리 훈련받는 장소라고 말할 수 있다. 주님은 생명을 바쳐 교회를 세우셨다. 그러므로 교회를 통해 구원의 사역을 이루어 가고 계시며, 주님 오시기까지 구원을 위해 준비된 단체는 교회밖에 없다.

초대 교회는 건강한 교회요, 성령 충만한 교회요, 우리 신앙의 본이 될 교회였다. 성령 충만을 받아 새롭게 변화된 교회의 성도들은 어떻게 신앙생활 하였는지 초대 교회의 특징을 생각해 보자.

1. 회개하여 죄 사함을 받는 교회

인간이란 끊임없이 자기를 숨기는 인성이 있다. 그러나 성경은 만물보다 부패한 것이 사람의 마음이라고 가르쳐 준다. 하나님의 말씀은 마음의 생각과 뜻을 감찰하시니 지은 것이 하나도 그 앞에 나타나지 않음이 없다.

바울은 자기의 죄, 내면의 죄 때문에 고민했다.

> "오호라 나는 곤고한 사람이로다 이 사망의 몸에서 누가 나를 건져 내랴"(롬 7:24).

이 말은 그가 내면의 죄와 싸움 끝에 한 고백이다. 우리는 돈이 바닥 나야 어찌할꼬, 건강한 사람은 죽을병 걸려야 그제야 어찌할꼬 한다. 모세가 '나는 못합니다' 할 때 하나님은 그를 부르셔서 하나님의 일을 맡기셨다. "오 주님! 천부여 의지 없어서 손 들고 옵니다. 탕자와 같이 나 주를 멀리 떠났다 이제 옵니다." 우리는 이렇게 고백하여 주 앞에 회개하고 죄 사함 받아야 한다.

2. 말씀을 배우는 교회

영적 지도력을 부인하는 교회는 잘될 수가 없다. 하나님께서 영적 지도자로 세우신 자의 지도에 따르지 않으면 성도의 신앙이 온전해질 수 없다. 그러나 오늘날 목사도 사람인지라 별로 인정받지 못하며, 내놓을 것이 없으므로 하나님의 사자로 섬기려 하지 않는 현실이다. 그러나 목사가 무너지면 결국 그 양들도 흩어지게 마련이다. "내가 여기 있나이다, 말씀하옵소서" 하는 어린아이와 같은 겸손한 자세가 필요하다.

신앙생활은 말씀을 배우는 것이다. 초대 교회 교인들은 누구에게 말씀을 배웠는가? 사도들로부터 배웠다. 이것은 신앙의 정통성에 관한 문제이다. 누구에게 말씀을 배우느냐가 중요하다. 어디서 배웠느냐가 중요하다. 왜냐하면 말씀을 가르치는 사람이 어디서 왔는지, 무슨 말씀을 가르치는지 전혀 종잡을 수 없는 경우가 너무나 많기 때문이다. 이단들이 너무나 많기 때문에 말씀을 어디서 어떻게 배웠느냐가 중요하다.

초대 교회 교인들은 사도들로부터 친히 말씀을 배웠기 때문에 말씀의 정통성에 대해서 의심할 바가 없었다. 필자는 제자훈련을 받을 때 믿음생활을 잘하는 것을 보았다. 언제나 그런 마음으로 배우지 않으면 믿음은 정체하게 된다. 그러므로 우리는 주의 말씀으로 끊임없이 배우기에 힘써야 한다.

3. 서로 교제하는 교회

"교회에서 먹는 일을 하지 말자. 뭐 그렇게 자꾸 물질적으로 가는가? 기도하고 말씀 듣고 가난한 사람 도와주어야지"라고 말하는 사람이 있다. 이것은 절대로 성경적인 말이 아니다. 서로 교제하며 떡을 떼는 것은 선교하는 것과 같기 때문이다.

초대 교회는 사도의 가르침을 받아 서로 교제하였다. 3,000명이나 되는 많은 사람들이 모였다. 그들은 각각 학력과 출신 지방, 성격과 지적 능력 등 모든 것이 달랐다.

우리 역시 많은 사람들을 만난다. 사람들과의 만남에는 좋은 경험보다는 나쁜 경험이 더 많다. 우리는 서로 상처를 주기도 하고 받기도 한다. 그러나 교회에서 성도들의 아름다운 교제는 신앙생활에서 설교를 듣고 성경공부를 하는 것 만큼이나 중요한 요소 가운데 하나이다.

교제 중에 제일 잘될 수 있는 곳이 구역이다. 소그룹이기 때문이다. 그리스도 안에서 만난 형제자매들과 함께하는 교제는 이 세상 그 어느 것보다 소중하고 의미 있게 느껴진다. 세상의 모임은 인간의 이기적인 생각에서 이루어지지만 그리스도인의 공동체는 성령의 역사로 말미암아 이루어진다. 그리스도인의 교제는 근심이나 다툼이나 갈등을 가져오지 않는다.

교회에 오면 교회를 천국처럼 느껴야 한다. 서로 사랑을 주고 서로 섬기기 때문에 천국을 이룰 수 있는 것이다. 그러므로 형제가 잘할 때도 칭찬과 격려를 해주어야 하지만 잘못했을 때에도 잘 위로해 주며 붙들어 주어야 한다. 그래서 이 교제를 통해서 신앙이 바로 성장할 수 있어야 한다.

4. 기도에 힘쓰는 교회

우리가 은혜를 받기 위해서는 기도에 힘써야 한다. 받은 은혜를 잊어버리지 않고 계속해서 은혜 가운데 살기 위해서 더욱 기도해야 한다. 한번 은혜를 받았던 사람일지라도 그 심령이 고갈되는 것을 느끼는 것은 기도생활에 힘쓰지 않고 있다는 증거이다. 마가복음 9장 29절에 "기도 외에 다른 것으로는 이런 유가 나갈 수 없느니라"라고 했다.

스펄전 목사는 "아침 기도는 하루를 여는 열쇠이고, 저녁 기도는 하루를 닫는 자물쇠다"라고 말했다. 하루를 열면서 축복과 행복을 느끼고 하루를 닫으면서 행복을 갖는다면 그는 성공적인 삶을 사는 것이다.

5. 믿는 사람이 다 함께 있어 모든 물건을 통용하는 교회

이 세상에 물질과 돈만큼 힘 있고 존경받는 것이 어디 있을까? 그런데 초대 교회 교인들은 재산을 팔아 필요를 따라 나눠 주었다. 안타깝게도 이 세상 물질은 곧 우상이 되었으며 하나님이 되었다. 그러나 성령이 임하시면 자기 것을 나눠 주게 된다. 하나님께 내어놓게 된다. 진짜 하나님 나라는 성령의 감동으로 재산과 소유를 나눠 주게 된다. 더 큰 보화를 발견했기 때문이다.

성령 받은 사람들의 변화는 사도행전 4장 32절을 통해서 발견할 수 있다.

> "재물을 조금이라도 제것이라 하는 이가 하나도 없더라."

참으로 흠모되는 말씀이다.

이것이 성령 받은 사람들의 공동체의식이다. 자기 것이라는 소유의식이 사라져 버린 것이다. 이 욕심이 사라져 버렸다. 그래서 내 것은 하나님의 것이요, 내 것은 모두의 것이요 그리고 나는 임시 청지기요 잠시 내가 관리하고 있을 뿐이라는 것이다.

6. 날마다 성전에 모이기를 힘쓰는 교회

부흥이 되는 교회는 잘 모인다. 잘 모이는 교회에는 부흥되는 축복이 있다. 잘 모이는 교인은 믿음이 자라게 마련이다. 틀림없는 사실이다. 그러나 믿음이 좋았던 사람이라도 교회에 나오지 않으면 믿음을 잃어버리고 만다.

신앙의 힘은 모이는 것과 비례한다. 은혜의 자리에 있어야 한다. 그들은 날마다 마음을 같이하여 성전에 모이기를 힘썼다고 했다. 얼마나 좋으면 매일 모였을까. 매일 교회에 오는 사람과 주일에 한 번 오는 사람 중에 누가 더 믿음이 좋을까? 우리는 신앙이 성장하며 성숙해지기 위해서 주의 성전을 가까이해야만 한다.

시편의 기자는 다음과 같이 노래하였다.

> "만군의 여호와여 주의 장막이 어찌 그리 사랑스러운지요 내 영혼이 여호와의 궁정을 사모하여 쇠약함이여 내 마음과 육체가 생존하시는 하나님께 부르짖나이다……주의 집에 거하는 자가 복이 있나이다……주께 힘을 얻고 그 마음에 시온의 대로가 있는 자는 복이 있나

이다 저희는 눈물 골짜기로 통행할 때에 그곳으로 많은 샘의 곳이 되게 하며 이른 비도 은택을 입히나이다"(시 84:1-6).

초대 교회가 모이기를 힘썼다면 오늘 우리 세대는 더욱 모이기를 힘써야 할 것이다. 이 세대는 더 악해지고, 주님의 재림은 과거 그 어느 때보다도 가깝게 느껴지는 시대의 징조들이 우리를 경성시키고 있기 때문이다. 또한 사탄은 세상의 쾌락과 도덕적인 타락과 시대의 풍조로 그리스도인들을 패배시키기 위하여 수단과 방법을 가리지 않고 안간힘을 쓰고 있다.

이러한 때에 그리스도인들이 혼자 떨어져 있다는 것은 너무나 위험한 일이다. 힘써 모이지 않으면 주님과 멀어지게 되고 신앙이 타락하기 쉽다. 그러므로 이러한 어려울 때일수록 모이기를 더욱 힘써야 한다. 그리고 서로 주님 안에서 격려해야 한다.

7. 하나님을 찬미하는 교회

그들의 삶은 찬양 그 자체였다. 입술로 찬양했고 마음으로 찬양했다. 우리 영혼이 기쁘지 않으면 찬양이 나오지 않는다. 시부모나 남편을 흉보는 사람, 아내나 남편을 욕하는 사람, 나라에 불평하는 사람, 자기가 몸담고 있는 회사에 대해 불평하는 사람은 가장 가련하고 불쌍해 보인다.

찬양은 곧 불평불만의 모든 것을 물리치고 신앙의 예방제가 된다. 찬송은 우리에게 위로와 평안과 기쁨과 힘이다. 마귀는 괴로운 틈을 타서 우리에게 절망과 한숨을 가져다준다. 찬양으로 이것을 물리쳐야 한다. 마귀의 권세를 이길 수 있어야 한다. 찬양은 곡이 있는 기도요, 우리의 고백이요, 영적 싸움에서 이길 수 있는 무기이다. 성령 충만한 곳에는 항상 기쁜 시와 찬미와 신령한 노래가 있다. 성령 충만이란 다 좋은 것이다. 곧 천국이다.

8. 온 백성에게 칭송 받는 교회

교회는 바로 이 변화를 이루는 공동체이다. 그래서 교회가 칭찬받고, 세상이 교회를 두려워하여 경외함으로 느끼게 되어야 한다.

분명한 것은, 교회가 이 세상을 변화시키는 능력의 공동체가 되지 못하면 세상이 교회를 바꾸어 버릴 것이라는 사실이다. 세상이 교회를 변질시켜 버릴 것이다. 우리는 역사 속에서 그런 예를 얼마든지 발견하게 된다. 그러므로 너희는 이 세대를 본받지 말고 오직 마음을 새롭게 함으로 변화를 받으라고 성경은 우리에게 말씀한다(롬 12:2). 그럴 때 교회는 이 악한 세대와 세속 사회 속에서 하나님께 영광을 돌리며 사람들에게 경외와 칭송을 받을 것이다.

9. 날마다 구원받는 성도가 많아지는 교회

주님의 교회는 질적으로 양적으로 끊임없이 성장해야 한다. 성장하지 않는 교회는 분쟁하는 교회요 병든 교회이다. 성장이 멈추었다는 것은 곧 생명이 사라진 것을 의미한다. 해야 할 일을 하지 않는 교회, 구역, 기관은 죽어 버린다. 교회는 끊임없이 자라야 하고 또 자랄 수밖에 없는 생명체이다.

아우구스투스 스트롱은 "전도자를 길러내지 않는다면 교회가 무엇 때문에 존재하는가"라고 말했다. "그들을 훈련시키지 않는다면 교회가 무엇 때문에 존재하는가. 그들을 파송하지 않는다면 돈이 무슨 소용이 있는가. 전도의 목적을 완수하지 않는다면, 인간의 마음속에 그리스도를 왕으로 모시지 않는다면 삶, 그 자체는 무엇을 위해 있는 것인가"라고 말했다.

그릇된 길에서 방황하는 사람을 옳은 길로 인도하는 것처럼 선한 일은 없을 것이다. 흑암에 앉아 있는 사람을 빛의 길로 인도하는 것보다 더 보람된 일도 없을 것이다. 죽어 가는 생명을 구원하여 영생을 갖게 하는 일보다 더 위대한 일은 세상에 없을 것이다.

돈, 명예, 권세를 누리는 인생이기보다 돈, 명예, 권세를 통해 수많은 사람에게 영생을 전하는 인생이야말로 가장 위대한 인생이다. 구원받는 사람이 날마다 더해지는 축복, 곧 당신이 믿는 예수 나도 믿고 싶다는 칭찬을 듣는 주님의 교회가 될 수 있기를 바란다.

제13강

바울의 고별 설교(행 20:17-38)

배가 항구에 정박해 있으면 안전하지만 그것은 배의 존재 이유가 아니다. 배가 존재하는 이유는 항해를 위한 것이다. 거친 파도를 헤치고 바다를 향해 나아가는 배는 폭풍우와 맞닥뜨리게 마련이다. 배가 크면 클수록, 속도가 빠르면 빠를수록 파도는 더욱 거세고 흔들림 또한 더더욱 커지는 것이다.

사도 바울은 지금 예루살렘으로 가는 길이다. 다시 돌아오지 않는 길이요, 위험한 길이요, 그가 생각하기에 마지막으로 가는 길이다. 핍박이 있어서 순교를 하면 못 돌아올 길이고, 핍박이 없어도 로마로 가고 나아가 사바나(땅 끝)까지 갈 계획을 가지고 있기 때문에 다시 이곳으로 돌아올 일은 없을 것이다.

그래서 마지막으로 에베소 교회 장로들을 밀레도로 불러서 그들에게 목회적인 교훈을 하고 있다. 그런 의미에서 목회적인 교훈이요, 동시에 마지막으로 하는 유언적인 교훈이다.

1. 겸손의 목회

주님의 교회와 교회의 성도들을 돌보고 섬기는 것이 목회이다. 사도 바울은 주님을 섬기듯이 교회와 교인들을 섬기는 겸손의 목회를 했다. 아무리 좋은 일도 겸손하게 하지 않으면 사람들은 상처를 받는다.

사람은 가장 어려운 일에 부딪칠 때 겸손하기가 어렵다. 조금 알면 말하고 싶어지고, 조금 있으면 그것이 자랑하고 싶어지고, 잘난 것이 있으면 자랑하고 싶어진다.

그러나 인간적인 힘과 지식과 방법으로 주님의 교회는 섬겨지지 않는다. 아무리 지식이 있고 능력이 있어도 하나님의 교회에는 별 효과가 없는 것이다.

어떻게 교회를 섬겨야 하는가? 어떻게 주님을 섬겨야 하는가?

겸손으로 해야 한다. 겸손이란 무엇인가? 그것은 자신을 생각하지 않는 것이다. 자기가 드러나는 것은 겸손이 아니다. 자기가 죽어야 한다. 예수님은 "나를 따르려거든 자기를 부인하고 자기 십자가를 지고 나를 좇을 것이니라" 고 말씀하셨다.

내 생각, 내 주장, 내 방법으로 밀고 가면 겸손할 수 없다. 우리가 주님을 사랑하지 않는 것도 아니고, 주님을 위해서 일하지 않는 것이 아닌데도 불구하고, 일하면서 자기도 갈등이 있고 다른 사람들과도 갈등이 생기는 것은 겸손하지 않기 때문이다.

> "나는 마음이 온유하고 겸손하니 나의 멍에를 메고 내게 배우라"(마 11:29).

가장 어려운 겸손은 어디에서 배울 수 있는가? 바로 주님에게서 배울 수 있다. 주님만을 생각하고, 주님만을 바라보고, 주님의 뜻만을 생각하면 그것이 겸손이 되는 것이다. 사도 바울은 자기 스스로 예수 그리스도의 종이라고 표현하였다. 종은 주인이 시키는 대로 사는 것이 가장 좋은 삶이다.

2. 눈물의 목회

사도 바울은 자신이 받은 은혜를 생각할 때마다 눈물을 흘렸고, 특히 하나님을 믿지 않는 사람을 생각할 때마다 하염없이 슬퍼했다.

눈물은 언제 흘리게 되는가? 사랑하면 눈물이 난다. 불쌍히 여기면 눈물이 난다. 또 너무 슬프거나 아프면 눈물이 난다. 단순한 고통과 억울함으로도 울 수 있다.

그러나 여기서 말하는 눈물은 생리적인 눈물이 아니다. 사람이 동물과 다른 점이 있다면 회개의 눈물, 기쁨과 감사의 눈물이 있다는 것이다.

주님을 섬기다 보면 어떤 때는 속이 상하고 자존심이 상하고 고통스럽고 억울하고 견딜 수 없는 일들이 많이 있다. 그렇다고 도망갈 수도 없고 거부할 수도 없다. 그래서 눈물만 흘릴 뿐이다. 바울은 그렇게 목회를 했다는 것이다.

사도 바울은 불쌍한 영혼들 때문에 많은 눈물을 흘렸다. 이사야나 예레미야 선지자도 자기 눈이 눈물 근원이 될 만큼 자기 백성을 위해 울었다고 말한다.

3. 인내의 목회

사도 바울은 유대인들로 인하여 수많은 핍박과 고통을 겪었다. 그들은 많은 이유를 만들어 사람들을 선동했고, 재판에 회부했고, 어떤 경우에는 돌로 쳐서 거의 죽을 정도로 핍박을 하기도 했다.

그러나 이렇게 간교한 유대인들에 대한 사도 바울의 반응은 오직 인내였다. 참는 것이었다. 그래서 사도 바울은 사랑이란 오래 참는 것이라는 체험적 고백을 했던 것이다(고전 13:4). 또한 '환난은 인내를 낳고 인내는 연단을 낳고 연단은 소망을 낳는다' 는 편지를 쓰기도 했다(롬 5:3-4).

그렇다. 사도 바울은 그렇게 참고 또 참았다. 바울은 동족으로부터 무서운 박해를 받아 밤낮으로 피해 다니기도 하고 목숨을 위협받는 일도 많았지만 그것을 참았다. 얼마 전까지만 해도 함께 어울리던 동네 사람들에게 몰매를 맞는가 하면, 어떤 때는 잡혀가서 곤장을 맞기도 했다. 어느 곳에 가든지 생명의 위협을 느껴야 하는 공포 속에서도 그는 자기 백성을 욕하지 않고 오히려 참으며 그들을 위해 기도했다.

그는 복음 때문에 고난을 참고 견뎠다. 그가 힘든 믿음의 경주를 하면서 환난 중에 참을 수 있었던 것은 험악한 십자가까지 참으셨던 예수님을 생각했기 때문이었다(고후 12:12).

4. 용기의 목회

바울은 꺼림이 없이 복음을 전했다. 이것은 용기를 말한다. 진정한 용기는 사람이나 환경을 보지 않는다. 또 '할 수 있느냐, 할 수 없느냐'를 생각하지 않고 '해야 하느냐, 하지 말아야 하느냐'를 생각한다. 이것이 바로 용기다.

'내가 누구를 꺼리더냐? 내가 사람의 눈치를 보고 하더냐? 하나님을 보고 일했으며, 언제나 하나님께 충성하고 거리끼는 것 없이 담대하게 신앙적 용기로 그렇게 행한 것을 너희가 알고 있지 않으냐.' 사도 바울은 용기 있는 목회자였다.

"공중 앞에서나 각 집에서나"(행 20:20)라는 말은 어떤 곳에서든지 사람이 많이 있으면 있는 대로, 없으면 가정에서 단 몇 사람에게라도 예수 그리스도의 복음을 전하고 가르치는 일을 그가 가장 중요한 사역으로 삼았음을 보여준다.

사도 바울은 스스로 심령에 매임을 받아 예루살렘으로 가는데, 그곳에 가면 핍박이 있고 가면 죽게 될 수도 있지만, 그럼에도 불구하고 심령에 매임을 받아 예루살렘으로 갔다. 옷이 찢기고, 매를 맞아서 온몸에 피멍이 들고, 족쇄에 채워져 감옥에 갇히고, 고생도 했지만 그의 믿음은 변함이 없었다.

5. 사명의 목회

> "나의 달려갈 길과 주 예수께 받은 사명 곧 하나님의 은혜의 복음 증거하는 일을 마치려 함에는 나의 생명을 조금도 귀한 것으로 여기지 아니하노라"(행 20:24).

뜨거운 사명을 가진 바울은 어떤 일을 만나도, 생명이 위태롭다 할지라도 예루살렘으로 가겠다고 한다. 이것이 그의 비상한 각오였다.

특별히 '나의 달려갈 길' 을 가려 한다고 자신을 경주자로 생각하고 있다. 경주자는 목표를 향하여 뛴다. 전력을 다해서 뛴다. 사명에 사는 인생을 말한다.

바울이 "내가 선한 싸움을 싸우고 나의 달려갈 길을 마치고 믿음을 지켰으니"(딤후 4:7)라고 고백한 것을 보면 그는 사명을 위해 최선을 다한 목회자임에 틀림없다.

유명한 심리학자 에리히 프롬은 이렇게 말했다.

"사람은 두 가지 삶의 양식을 가지고 있다. 하나는 소유의 양식이요, 또 하나는 존재의 양식이다. 소유의 양식에 따라 사는 사람은 물질을 얻고, 권세를 얻고, 명예를 얻고, 또 얻으려 하다가 아무것도 못 얻고 죽는 사람이다. 존재의 양식에 따라 사는 사람은 의미를 생각하고, 목적을 생각하고, 사명에 사는 사람이다. 무엇을 얻었느냐가 아니라 얼마나 사명에 충실했느냐가 중요한 것이다."

나의 인생도, 나의 청춘도, 나의 결혼도, 나의 재산도 중요하게 여기지 않는 마음, 복음을 위해서, 그리스도를 위해서 죽겠다는 마음이다.

사도 바울은 "내가 나를 전제로 드릴지라도 나는 기뻐하고 너희 무리와 함께 기뻐하리니"(빌 2:17)라고 고백한다. 피를 쏟아 붓는다 해도 자신은 기뻐한다는 것이다. 살고 죽는 것, 편안하고 불편한 것에 상관없이 다만 자신에게 주어진 사명에 충실할 뿐이며, 그것이 자기 생명보다 더 높은 가치의 삶이기 때문이라는 것이다.

《역사의 연구》라는 책으로 잘 알려진 영국의 역사학자 아놀드 토인비는 런던의 학교에서 학생들을 가르치면서 늘 이렇게 강조했다. "역사의 주인이 되라. 역사를 창조하는 사람이 되라." 어떻게 해야 역사를 창조하는 사람이 될 수 있느냐는 질문에 토인비 박사의 대답은 이러했다. "인류역사를 연구해 보면 시대마다 역사를 빛낸 인물들이 있었는데, 그 사람들의 삶에는 한 가지 공통점이 있었다. 그것은 그 사람이 자기가 살고 있는 시대를 위해서 자기 자신을 제물로 드려서 희생했다는 점이다."

누구든지 그 시대의 역사를 빛내고 역사를 창조하는 사람이 되기 위해서는 그 자신을 희생해서 제물로 드려야 한다는 것이다.

6. 책임의 목회

바울은 사람의 피에 대해서 깨끗하다고 말한다. 최선을 다해 복음을 전했으므로, 앞으로 에베소 사람들이 지옥에 가더라도 자신이 복음을 전하지 않아서 그런 것이 아니라 그들이 믿지 않았기 때문이니 자신은 깨끗하다는 것이다. 이 얼마나 의미 있는 말인가?

내 친척이든 내 부모든 내 이웃이든, 내가 아는 모든 사람에게 다 복음을 전하기 위해 최선을 다해야 한다.

> "내가 너를 이스라엘 족속의 파수꾼으로 세웠으니 너는 내 입의 말을 듣고 나를 대신하여 그들을 깨우치라 가령 내가 악인에게 말하기를 너는 꼭 죽으리라 할 때에 네가 깨우치지 아니하거나 말로 악인에게 일러서 그 악한 길을 떠나 생명을 구원케 하지 아니하면 그 악인은 그 죄악 중에서 죽으려니와 내가 그 피 값을 네 손에서 찾을 것이고"(겔 3:17-18).

아주 무서운 말씀이다. 여기서 악인은, 복음을 못 들었건 혹은 듣고도 믿지 않았건 간에 그것은 자신의 죄 때문에 망하는 것이다. 그러나 하나님께서 내게 복음을 전하라 하셨는데 전하지 않아서 저들이 복음을 한 번도 들을 수가 없었다면, 들을 기회를 못 가지고 그대로 죽어 버렸다면 그 피 값은 내 손에서 찾겠다는 말이다. 죽어 가는 사람을 보고 내버려 두는 것도 살인과 같다. 간접 살인이다. 그렇기 때문에 하나님께서 피 값을 찾겠다고 말씀하신 것이다.

7. 피로 사신 교회를 섬기는 목회

> "너희는 자기를 위하여 또는 온 양 떼를 위하여 삼가라 성령이 저

들 가운데 너희로 감독자를 삼고 하나님이 자기 피로 사신 교회를 치게 하셨느니라"(행 20:28).

사도 바울은 양 떼를 위하여 삼가라고 한다. 이것은 양 떼를 잘 섬기라는 것이다.

예수님은 "내가 온 것은 양으로 생명을 얻게 하고 더 풍성하게 하려는 것이라"고 하셨다. 더 행복하게 하기 위함이다.

왜 주일을 잘 지키라고 하는가? 왜 기도하라고 하는가? 왜 예배 잘 드리라고 하는가? 모두 풍성한 삶을 누리게 하기 위함이다.

우리가 섬겨야 할 교회는 성령이 세우신 것이며, 예수님께서 피 흘려 사신 것이다. 얼마나 소중한가? 이 교회를 섬기기 위해서 삼가라, 조심하라, 깨어 기도하라고 부탁하신 것이다.

또한 양 떼를 잘 돌보기 위해서 하나님은 '감독자' 라는 질서를 주셨다. 즉, 양 떼들이 아무렇게나 살도록 내버려 두지 않고 양 떼들이 따라갈 수 있는 교회 영적 지도자들을 세워 주신 것이다. 따라서 교회 성도들은 이 영적 지도 체계를 존중하고 권위를 세워 주어야 한다.

8. 나눔의 본을 보이는 목회

바울은 될 수 있는 대로 자기 힘으로 자비량 선교를 했다. 무슨 보수든 받지 않기 위해서 그는 몸소 수고하여 자급자족하면서 복음을 전했던 것이다. "주는 것이 받는 것보다 복이 있다" 하신 예수님의 말씀을 따라 사는 본을 보인 것이다. 언제든지 될 수 있는 대로 주려고 하는 사람이 되어야 한다.

바울의 삶이 감동적인 것은, 그것은 늘 약한 사람들, 가난한 사람들, 힘없는 사람들, 하루하루 먹고사는 사람들을 개인적으로 끊임없이 돌보았다는 것이다.

2부 전도의 실제

제1강

왜 전도를 해야 합니까?(고전 9:16-27)

전도는 하나님의 소원이며 최대 관심사이다. 하나님의 계획이셨기에 예수님이 이 땅에 전도자로 오셨고 십자가에서 죽으시면서까지 구원의 계획을 완성하셨다. 그러므로 전도는 성도들이 감당해야 할 최대의 과제요 최고의 사명인 것이다. 전도하지 않는 성도는 주님의 명령에 불순종할 뿐 아니라 영적 생명력이 죽어 있는 것과 같다. 살아 있는 성도는 복음 전파를 최우선으로 삼아 전도의 열매를 맺는 것이다.

그러므로 사도 바울은 복음을 전하지 않으면 자신에게 화가 있을 것이라고 했다. 이는 복음 전도에 대한 사도의 심각한 사명감과 책임감을 잘 보여준다.

1. 우리가 복음을 전하지 않으면 왜 화가 될까?

첫째, 하나님의 크신 사랑을 저버리는 일이기 때문이다.

하나님께서 우리를 사랑하셔서 예수님을 보내 주셨다. 주님께서는 우리를 구속하기 위하여 십자가의 고난을 받으셨다. 우리가 그 크신 사랑과 은혜를 다른 사람에게 전하지 않으면 우리는 하나님의 사랑을 저버리는 사람이 될 것이다.

둘째, 최고의 의무를 저버리는 일이기 때문이다.

너희는 온 천하에 가서 복음을 전파하라고 명령하셨다.

> "저희가 모였을 때에 예수께 묻자와 가로되 주께서 이스라엘 나라를 회복하심이 이때이니까 하니 가라사대 때와 기한은……너희의 알 바 아니요 오직 성령이 너희에게 임하시면 너희가 권능을 받고 예루살렘과 온 유대와 사마리아와 땅 끝까지 이르러 내 증인이 되리라"(행 1:6-8).

이것은 이 시대 모든 사람들에게 주신 명령이요 의무이다. 제자들을 3년 동안 교육시키신 이유가 무엇일까?

> "하늘과 땅의 모든 권세를 내게 주셨으니 그러므로 너희는 가서 모든 족속으로 제자를 삼아 아버지와 아들과 성령의 이름으로 세례를 주고 내가 너희에게 분부한 모든 것을 가르쳐 지키게 하라 볼지어다 내가 세상 끝 날까지 너희와 항상 함께 있으리라"(마 28:18-20).

모든 신앙의 방향이 무엇인가? 선교다. 우리가 성경공부를 하고 예배하고 친교하는 궁극적인 목표도 선교이다. 제자들에게 예수님은 아무것도 남기지 않으셨다. 동상도 박물관도 자서전도 남기지 않으시고 다만 너희는 가서 전파하라고 하셨다. 우리의 신앙생활의 핵심은 주님의 뜻을 이루는 것이다.

셋째, 역대 전도자들의 은혜를 저버리는 일이기 때문이다.

나에게 복음을 전파한 사람이 있다. 토머스 목사님은 1856년 평양 대동강에서 한문성경을 나눠 주고 피 흘리며 순교하였다. 한국에 발을 들여놓았다가 피를 흘리고 생명을 바쳤다. 그 후 얼마나 많은 사람들이 복음을 위하여 순교했는가? 일제시대에도 또 해방 이후, 6 · 25전쟁 때에도 피 흘린 순교자들이 수없이 많았다. 한국 교회가 부흥한 이유 중 하나는 그들이 열심히 복음을 전했던 것이다. 그들이 흘린 땀과 눈물과 피의 결실인 것이다.

넷째, 복음을 전하지 않으면 내 생명이 위험하기 때문이다.

갈릴리 호수는 각종 고기들이 있고 정말 아름다운 호수다. 헐몬산에 흐르는 물이 흘러 들어오고 나가는 살아 있는 호수다. 우리 신앙도 이와 같다. 은혜를 받는 것도 중요하지만 다른 영혼을 위해 전도하고 봉사할 때 살아 있는 신앙이 될 수 있다. 사해가 갈릴리 호수의 물을 받았지만 내보내지 않기 때문에 고기들이 살 수 없는 죽은 바다가 되었다. 이처럼 우리 신앙도 남을 위해 헌신하고 복음 전파를 하지 않으면 죽은 신앙이 될 수밖에 없다.

"무릇 있는 자는 받아 풍족하게 되고 없는 자는 그 있는 것까지 빼앗기리라"(마 25:29).

다섯째, 음부에 있는 영혼이 부르짖기 때문이다.

부자는 음부에 갔다. 이 음부에서 부자가 나사로를 보내어 손가락에 물 한 방울을 찍어 입술을 적시게 해 달라고 간구한다. 아무리 갈증을 느껴도 물 한 방울 먹을 수 없는 장소, 뜨거운 불이 타는 곳, 죽으려고 해도 죽지 못하는 곳이 지옥이다(계 20:10).

견디기 어려운 고통과 형벌, 지옥의 부르짖음과 탄식의 소리가 들리는가? 감리교 창시자인 존 웨슬리는 "당신의 손가락을 불꽃 속에 넣어 보십시오. 어떻겠습니까? 단 1초도 견디기 어려울 것입니다. 그보다도 더 큰 고통이 당신에게 다가올 것입니다. 지옥불 속에 당신의 몸 전체가 들어 있다면 어떻게 될 것인가를 생각해 보십시오"라고 했다. 이렇게 고통스러운 지옥에 내 남편과 아내와 자녀와 내 부모님과 친구와 이웃을 보낼 수 있겠는가? 이와 같이 귀한 생명이 멸망으로 가는 것을 보고도 주님께 인도하지 않으면 형제를 진정으로 사랑하는 것이라고 할 수 있을까?

예수님은 한 생명이 천하보다 귀하다고 하셨다. 전하지 않으면 형제에 대한 사랑도 저버리는 것이다.

여섯째, 하나님 나라 성취를 위한 일이기 때문이다.

우리의 수고로 복음이 땅 끝까지 전파되고 이 땅의 모든 민족이 예수를 믿음으로써 언제든지 주님이 오실 그때를 준비해야 한다(마 24:14).

2. 어떻게 전도해야 하는가?

첫째, 목자의 심정을 가져야 한다.

한 목자에게 양 100마리가 있는데 목자는 한 마리의 잃어버린 양을 찾아 헤맸다. 요한복음 3장에 보면 예수님은 니고데모에게 밤새도록 시간을 함께하셨다. 요한복음 4장에서는 수가 성의 한 여인과 많은 시간을 보내셨다. 예수님이 한 사람과 하룻저녁을 보내시고 한 사람과 몇 시간이나 대화하신 뜻이 무엇인가? 세계를 구원하는 것도 한 사람 운동으로부터 시작해야 한다는 것을 가르쳐 주시는 것이다.

둘째, 때를 얻든지 못 얻든지 전도하라.

차차 두었다가 시간 좀 날 때 하겠다, 믿음 좀 좋아진 다음에 하겠다, 마음 여유가 생긴 다음에 하겠다는 생각을 하는 사람은 죽을 때까지 하지 못한다. 우리에게 그런 기회는 오지 않는다. 언제나 바쁘다. 때를 얻든지 못 얻든지 복음을 전파하라고 하셨다.

예수님은 두 명씩 70명의 전도대를 보내시면서 '양을 이리 가운데 보냄과 같다' 고 말씀하셨다. 나아가는 데는 용기가 필요하다.

셋째, 어떻게 해야 하는가?

빚을 갚고자 하는 태도를 가져야 한다. 하나님께 빚을 탕감받은 자로서, 내가 모든 사람에게 자유하였으나 스스로 모든 사람에게 종이 되겠다고 한 바울을 본받아야 한다.

바울은 자신이 말하고 싶은 대로 말하고, 행동하고 싶은 대로 행동하고, 자기 생각대로 주장하고, 자기 자존심, 주체성대로 살아가지 않았다.

바울이 스스로 종이 되었다는 것은 자신의 고집을 꺾고 상대방이 말하는 것, 상대방이 주장하는 것을 이해하고 동조했다는 말이다. 유대인들에게 내가 유대인과 같이 된 것은 유대인을 얻고자 함이었으며, 율법 아래 있는 자들에게 율법자들과 같이 된 것은 율법 아래 있는 자들을 얻고자 함이었다고 바울은 고백하였다. 약한 자들에게 그들과 같이 약한 자가 된 것도 그들을 얻고자 함이었다. 이렇게 더 많은 사람을 얻고자 했던 것이 바울의 전도 방침이었다.

바울은 목적의식이 분명했다. 그것은 복음 전파였다. 복음 전파에 목적을 둔 사람, 복음 전파에 목적을 둔 사업, 직업이 얼마나 소중한가를 알아야 한다.

여러분은 지금 무슨 일을 하고 있는가?

역사상 가장 위대한 사람들은 다 예수 그리스도를 높이 소개한 사람들이다. 예수 그리스도를 높인 만큼 자신들도 높아졌던 것이다. 오늘 우리들도 다 예수 그리스도를 높이고 증거하는 자들이 되어서 이 시대에 우리의 지역에 많은 사람이 예수님을 믿는 역사가 일어날 수 있기를 바란다.

제2강

전도에 성공하려면

교회 성장은 하나님의 인류 구원에 대한 계획을 이루는 길이다. 하나님은 인류 구원의 대역사를 영적 이스라엘인 그리스도의 교회에 맡기셨다. 오순절 성령 강림으로 탄생한 그리스도의 몸 된 교회는 오직 길 잃고 방황하고 잃어버린 영혼들을 예수 그리스도 앞으로 인도하여 구원을 얻게 하고, 교회를 성장시켜 교회의 사명을 다해야 할 것이다.

1. 전도하지 않으려고 하는 사람

① 주님과 교회를 사랑하지 않는 사람이다.
② 구원의 확신이나 감격이 없는 사람이다.
③ 이웃 사랑에 관심이 없고 이기적인 신앙생활을 하는 사람이다.
④ 세상의 체면을 생각하고 두려워하는 사람이다.
⑤ 성령 체험이 없어서 부활에 대한 확신이 없는 사람이다.

2. 전도 실패자의 모습

① 기도와 성령의 역사를 무시함
② 해 보기도 전에 '나는 안 된다' 는 생각을 함(열등감)
③ 적당히 시간을 보내겠다는 식으로 마지못해서 억지로 전도하는 사람이다.
④ 베푸는 수고와 헌신이 없이 편하게 전도하려고 함
⑤ 영혼을 사랑하는 마음이 없이 전도하려고 함

3. 전도에 성공하려면

① 성령 충만하라(행 1:8).
② 말씀 충만하라(요 15:7).
③ 영혼 구원의 열정을 가지라(렘 4:19).
④ 인내하며 기도하라(왕상 18:42-44).
⑤ 성숙한 열매가 될 때까지 돌보라(눅 13:6-9).

⑥ 성령께서 함께하신다는 확신을 가지라(마 10:20).

⑦ 당신의 변화된 사람을 간증하라(고후 5:17).

⑧ 하늘의 상을 바라보라(단 12:3).

4. 나 중심의 전도

① 대상자 차별 전도(선입견)

② 시간에 구애를 받는다.

③ 반쪽 충성한다.

④ 대가를 바란다.

⑤ 기분에 따라 전도한다.

⑥ 영혼보다는 숫자에 관심이 많다.

⑦ 다른 사람의 전도 열매를 자기의 공로로 여긴다.

⑧ 자신의 약점 때문에 담대히 하지 못한다.

⑨ 전도의 기술에 신경을 많이 쓴다.

⑩ 계획대로 안 되면 빨리 실망한다.

5. 예수님 중심의 전도

① 누구든지 전도 대상자이다.

② 계절과 시간에 관계없이 한다.

③ 온전한 충성을 한다.

④ 무조건적 사랑을 한다.
⑤ 절대 순종한다.
⑥ 한 영혼을 위해 전력을 쏟는다.
⑦ 열매를 주님께 맡긴다.
⑧ 자신의 약점을 십자가 앞에 내려놓는다.
⑨ 하나님의 말씀에 의지한다.
⑩ 계획대로 안 되면 다시 기도하고 계획한다.

6. 전도함으로써 얻어지는 자기 성장

① 강하고 담대한 신앙인이 된다.
② 어떤 어려운 일도 할 수 있다는 자신감을 가지게 된다.
③ 부끄러움을 이겨 낼 수 있는 용기와 모든 사람에게 인내심을 가지게 된다.
④ 성도 한 사람을 귀하게 여기며 사랑하는 마음을 갖게 된다.
⑤ 친절하며 겸손한 사람이 된다.
⑥ 믿음이 성장하며 다른 영혼에게 덕이 되도록 힘쓰게 된다.
⑦ 복음의 위대성을 발견하는 체계적인 신앙을 갖게 된다.
⑧ 물질과 건강의 축복을 받게 된다.

7. 훈련받지 못한 신자

① 리어카 신자 : 앞에서 끌면 오고 그대로 두면 교회 나오지 않는 신자

② 쳇바퀴 신자 : 다람쥐가 쳇바퀴를 돌듯이 제자리에서 맴도는 신자

③ 냄비 신자 : 금방 끓다가 금방 식는 부흥회식 신자

④ 미꾸라지 신자 : 교회에 어려움이 있으면 요리조리 빠지는 신자

⑤ 박쥐 신자 : 교회에서는 신자인 것처럼 하다가 사회에서는 불신자처럼 행세하는 신자

⑥ 당나귀 신자 : 말만 많고 말로만 떠들고 실속이 없는 용두사미 신자

⑦ 염소 신자 : 아무나 잘 들이받는 좌충우돌 신자

⑧ 소금가마 신자 : 비가 오거나 날씨가 나쁘면 녹을까봐 아예 교회 나오지 않는 신자

⑨ 감투 신자 : 무슨 직분을 맡을 때는 열심을 내지만 그렇지 못하면 뒷짐 지고 지내는 신자

⑩ 유람 신자 : 구경만 하는 관람하는 신자

⑪ 철새 신자 : 한 곳에 정착하지 않고 이곳저곳 옮겨 다니는 신자

⑫ 양과 같은 신자 : 온유, 겸손하고 순종하며 서로 협력하면서 충성하는 신자. 상처를 받지도 않고 상처를 주지도 않는 신자

제3강

전도자의 자세

1. 전도자는 구원의 확신이 있어야 한다

복음을 전하는 자는 우선 자신이 복음 안에 거하며 복음의 기쁨을 누리는 구원의 확신이 있는 사람이어야 한다. 복음을 전하는 자가 요한복음 5장 24절의 말씀을 자신을 향한 예수 그리스도의 선포로 받아 사망에서 생명으로 옮겨진 것을 확신할 때, 그의 전도는 능력 있는 전도가 될 수 있다. 사실 자신이 구원의 확신이 부족하면서 다른 사람에게 구원을 전하려는 것은 모순일 수밖에 없다.

그러므로 복음을 전하는 사람에게 가장 우선적이고 절대적으로 필요한 것은 자신이 구원의 확신으로 가득 차 있는 것이며, 더 나아가 "내가 그리스도와 함께 십자가에 못 박혔나니 그런즉 이제는 내가 산 것이 아니요 오직 내 안에 그리스도께서 사신 것이라 이제 내가 육체 가운데 사는 것은 나를 사랑하사 나를 위하여 자기 몸을 버리신 하나님의 아들을 믿는 믿음 안에서 사는 것이라"는 갈라디아서 2장 20절의 말씀을 기쁨으로 고백할 수 있어야 한다.

2. 전도자는 성령으로 충만해야 한다

우리가 잘 아는 예수 그리스도의 지상명령인 사도행전 1장 8절을 보면, 복음을 전하는 자는 예루살렘과 온 유다와 사마리아와 땅 끝까지 이르러 주의 증인이 되기 전에 반드시 성령의 충만함을 먼저 입어야 함을 알 수 있다.

전도는 세상의 것이 아닌 하늘의 것을, 보이는 것이 아닌 보이지 않는 것을 전하는 것이기에 성령의 능력을 힘입지 않고는 할 수 없다. 또한 성령 충만함이 없이 하는 전도는 쉽게 지치며, 자칫 교만해질 수 있다. 복음을 전하는 자가 성령이 충만할 때 열매가 눈에 보이지 않아도 포기하지 않고 끝까지 전할 수 있으며, 열매가 많아도 교만에 빠지지 않고 겸손하게 전도의 사명을 감당할 수 있는 것이다. 초대 교회에서도 성령 충만한 사람은 찬양과 감사와 순종이 있었다. "갈릴리 사람이 아니냐"라고 무시한 것처럼 인간의 말과 지식으로 되지 않는다.

3. 전도자는 말씀이 충만해야 한다

복음을 전하는 자는 하나님의 말씀을 통하여 매일 영의 양식을 공급받아야 한다. 말씀은 복음을 전하는 자에게 매일매일 사명을 감당할 새 힘을 준다. 육체의 일을 하는 자에게 매일 육의 양식이 필요하듯 영의 일인 복음을 전하는 일을 하는 자에게도 영의 양식인 말씀이 늘 필요한 것이다.

그러므로 복음을 전하는 자는 항상 주의 말씀을 사모하여 그 말씀을 주야로 묵상하는 자여야 한다. 또한 복음을 전하는 자가 말씀으로 충만해야 복음을 전하는 현장에서 필요한 말씀을 가지고 효과적으로 복음을 전할 수 있다.

4. 전도자는 기도로 준비되어 있어야 한다

예수님께서도 공생애 기간 동안 수많은 사역을 하시는 가운데 틈을 내어 기도하는 시간을 가지셨다는 것은 복음을 전하는 자가 본받아야 할 중요한 자세다.

그러므로 복음을 전하는 자는 기도로 준비하는 기도의 사람이 되어야 한다. 복음을 전하는 자는 전도할 수 있는 사명감을 주시기를 기도해야 하며, 또한 그 사명감이 식지 않기를 기도해야 하며, 복음을 전하는 일을 타인에 의해서 억지로 하는 것이 아니라 기쁨으로 할 수 있도록 기도해야 한다.

또 무엇보다도 전도 대상자를 사랑할 수 있도록 기도해야 하며,

온유함으로 담대하게 전도할 수 있도록, 그리고 끝까지 인내함으로 전도할 수 있도록 매일 기도해야 한다.

5. 전도자는 믿음으로 전도해야 한다

믿음은 불가능을 가능하게 만드는 힘이 있다. 세상적인 눈으로 보면 보이지 않는 하나님을 믿으라는 것은 불가능해 보인다. 그렇기 때문에 복음을 전하는 자에게는 믿음이 있어야 한다.

민수기 13-14장에 보면 모세가 열두 명의 정탐꾼을 뽑아서 애굽을 나온 이스라엘 백성들의 목적지인 가나안 땅을 정탐하게 하는 사건이 나온다. 모세는 분명 열두 지파에서 믿음이 있다는 사람들로 선발을 해서 정탐을 보냈을 것이다. 그런데 40일의 정탐 후 열두 명 중에 여호수아와 갈렙 두 사람을 제외한 열 명은 두려움에 떠는 믿음 없음을 보여주었다.

결국 이 일로 이스라엘 백성은 온전한 믿음이 생기는 훈련을 위해 40년이라는 광야 생활 후에 비로소 담대하게 가나안에 들어갈 수 있었다. 믿음이 있느냐 없느냐가 얼마나 중요한가를 보여주는 사건이다. 나이가 85세였어도 "저 산지를 내게 주소서"라고 요청한 갈렙처럼 비전과 도전정신이 있어야 한다.

그러므로 복음을 전하는 일을 하기 위해서는 불가능을 가능케 하시는 하나님을 믿는 믿음이 요구된다.

6. 전도자는 영혼을 뜨겁게 사랑해야 한다

복음을 전하는 자는 한 영혼이 천하보다 귀한 것임을 알고 한 영혼 한 영혼을 뜨겁게 사랑할 수 있어야 한다. 예수님께서도 복음을 전하실 때 백부장의 가정에서부터 간음한 여인에 이르기까지 누구나 사랑으로 대하신 것을 볼 수 있다.

복음을 전하는 일은 죽어 가는 생명을 살리는 일이다. 그러므로 살려야 할 한 영혼을 뜨겁게 사랑하는 마음으로 전도할 때 죽어 가는 한 생명이 살아나는 기적을 체험할 수 있다.

7. 전도자는 영혼을 끝까지 사랑해야 한다

예수님께서 부활 후에 제자들을 떠나시면서 끝 날까지 함께하시겠다는 약속을 하시고 하늘로 올라가셨다. 예수님은 십자가에서 달려 죽으시는 순간에 자신을 버린 제자들을 끝까지 사랑하셨던 것이다. 그 사랑이 있었기 때문에 오늘날 우리가 구원의 기쁨을 누릴 수 있다. 마찬가지로 복음을 전하는 자는 예수님처럼 한 영혼을 끝까지 사랑하는 마음이 있어야 한다.

제4강

전도자의 성공 원리

1. 주님이 선택하셨다

"나를 따라오너라 내가 너희로 사람을 낚는 어부가 되게 하리라"(마 4:19).

하나님의 인류 구원 사역에 함께할 사람들을 선택하여 전도의 일꾼으로 삼으셨다. 그리스도인들의 복음 전파는 주님의 구원 사역에 동참하는 것이다. 주님께서는 제자들을 선택하셨는데 함께 있게 하시고 전도도 하며 귀신을 내어 쫓도록 하기 위해서 부르셨다.

2. 고난을 각오해야 한다

"내가 이제 너희를 위하여 받는 괴로움을 기뻐하고 그리스도의 남은 고난을 그의 몸 된 교회를 위하여 내 육체에 채우노라"(골 1:24).

주님을 따르는 자는 자기를 부인하고 자기 십자가를 져야 하는 것처럼, 바울은 교회를 위해 감당해야 할 값비싼 대가를 치를 것을 각오했다.

3. 모든 세상 사람들에게 본이 되었을 때 소문난 교회로 성장하였다

그리스도인들은 자신의 이웃과 믿음의 형제들에게 생활의 본을 보여야 한다. 생활에서 본이 되지 못하면 전도의 문이 막히게 된다.

"또 너희는 많은 환난 가운데서 성령의 기쁨으로 도를 받아 우리와 주를 본받는 자가 되었으니"(살전 1:6).

우리는 이웃에게 어떤 모습을 보이고 있는지 생각하자. 착한 행실을 통하여 오늘날 세상 사람에게 빛과 소금의 역할을 하여야 할 것이다.

4. 실패한 삶에서 순종의 삶이 되어야 한다

베드로는 밤새도록 그물을 던졌으나 한 마리의 고기도 잡지 못하였다. 그러나 예수님의 말씀에 순종했을 때 많은 고기를 잡을 수 있었던 것처럼 예수님의 말씀에 순종하는 삶을 살아야 할 것이다.

5. 전도는 가능한 한 반응이 좋고 반대가 적은 지역을 선정한다

예수님과 바울의 전도에서도 이러한 경우를 찾을 수 있다.

6. 계속적으로 전도하는 것이 필요하다

"저희가 날마다 성전에 있든지 집에 있든지 예수는 그리스도라 가르치기와 전도하기를 쉬지 아니하니라"(행 5:42).

7. 양육하는 사명을 주셨다

바울은 두란노 서원에서 2년 동안 날마다 복음을 가르치고 양육했다.

"우리가 그를 전파하여 각 사람을 권하고 모든 지혜로 각 사람을 가르침은 각 사람을 그리스도 안에서 완전한 자로 세우려 함이니"(골 1:28).

8. 교회가 성장하는 일에 협력해야 한다

사마리아 교회는 평안함과 성령의 위로함으로 그 수가 많아지고 평안하여 든든히 서갔다.

"그리하여 온 유대와 갈릴리와 사마리아 교회가 평안하여 든든히 서 가고 주를 경외함과 성령의 위로로 진행하여 수가 더 많아지니라"(행 9:31).

9. 가까운 사람에게 먼저 전한다

① 제자들은 예루살렘, 유다, 사마리아, 땅 끝까지의 순서로 전도했다.
② 가장 먼저 전할 사람은 가까운 사람이다.
③ 나의 가족, 친척, 이웃, 친구가 먼저 구원받아야 하므로 가까운 사람들, 언제나 곁에 있는 사람들에게 전해야 한다.

10. 심는 대로 거두게 된다

① 샘은 한 구멍을 뚫어야 물이 솟는다.

② 한 사람을 전도할 때에 열세 번은 만날 계획을 가지고 시작한다(여리고 성을 무너뜨릴 때 그들은 6일간 하루에 한 번씩 성벽을 돌았으며 7바퀴를 돌았을 때 성벽이 무너졌다).

③ 한두 번의 거절로 인해 낙심하면 안 된다. 포기하지 말고 끝까지 전도한다.

11. 전도하기에 좋은 기회가 있다

① 스스로 살다가 고통을 심하게 당한 직후가 전도하기 쉽다.

② 삶에 어떤 변화가 있을 때가 전도할 기회이다(이사, 일터 변경, 결혼, 퇴직 등).

③ 투병이나 초상과 같이 애경사가 있을 때 전도하기가 쉽다.

12. 전도는 교회로 인도하는 것이다

① 예수님을 구주로 믿기로 결신한 사람은 곧 교인 등록카드를 작성하라(이름, 성별, 생년월일, 주소, 전화번호, 직업, 학력, 가족 상황, 배경 등을 기록).

② 결신자를 위해 기도를 시작한다.

가능한 한 매시간 위해 기도한다.
이는 사탄이 처음 결신한 자를 노리고 있기 때문이다.
위해서 기도해야 그를 향한 관심을 놓지 않게 된다.
한 사람의 결신자를 얻은 것을 감사하라.

③ 결신한 지 24시간 이내에 다시 연락하여 확인해야 한다.
사탄이 가라지를 그 마음에 뿌릴 수 있기 때문이다.
전화로 연락하여 시원치 않거든 곧바로 찾아가서 만나야 한다.
누구와 이야기했는지 알아본다.
믿는 신자와 접촉할 기회를 찾아 접촉하도록 노력한다.
그리고 돌아와 기도를 더 열심히, 간절히 하라.

④ 주일에 약속한 시간보다 한 시간 먼저 가서 기다린다.
교회로 오는 도중에 교인을 만나면 불러서 소개한다.
특히 담당 목회자에게 소개한다.
예배당에서 앞자리에 앉아야 앞자리에 앉는 신자로 양육된다.
곁에 앉아서 모든 것에 모범을 보인다.
예배 후에 신입 교우 환영회에 참석시킨다.
등록카드에 기록한 것을 신입부에 제출한다.

제5강

아파트 전도 전략

1. 아파트 전도를 준비하기

① 교회 내 아파트 전도 비전 공유 : 아파트 탐방, 집회, 비전 선포

② 아파트 전도대 모집 및 훈련 : 기존 전도대와 합류하거나 아파트 전도팀을 재편성한다.

③ 교회 홍보 전략 정비 : 다양한 내용이 실린 전도지 만들기, 방문일지 작성하기

④ 교회학교를 통한 전도 : 새가족의 자녀들이 교회에 편리하게 나올 수 있도록 소개하고 안내하는 전도지 준비

2. 아파트 전도를 실행하기

1) 입주 아파트 전도

① 사전 점검일 전도 : 입주를 30~45일 정도 앞두고 입주자들이 아파트를 방문하여 시공, 설비 상태를 점검하고 미진한 부분들의 보수를 요청하는 날을 말하는데, 이때 전도는 입주 전도를 위한 사전 작업이기 때문에 만남 이후 정보를 기록 · 관리해 두는 것이 중요하다.

② 전도 부스 설치 : 입주 단지와 전도대의 규모에 맞게 부스를 설치하여 운영한다. 입주한 입주자들이 오가며 들러서 차를 마시고 교제하며 교회를 소개받는 사랑방의 역할을 한다. 당일 입주자들에게는 담당 전도대원들이 생수와 커피, 교회 스티커를 붙인 대용량 쓰레기봉투 등을 가지고 방문하는 것이 효과적이다. 방문 시 입주자를 만나서 환영의 인사와 함께 얼굴을 익히고 입주자에 대한 정보를 얻는 것이 중요하다.

번호	동	호수	정보	기타
1	310	1204	흑석동 이사, 교회 안 다님, 호의적	초등 자녀 2
2				

③ 입주 2~3일 후 : 입주 당일에 방문했던 담당자가 소용량 쓰레기봉투와 동네 주변 지도, 교회 주보 및 선물을 가지고 다시 방문한다. 중요한 것은 대화를 이어가는 것이며, 다음 기회를 약속하는 식으로 조금씩 관계를 진전시켜 간다.

④ 입주 3~4일 후 : 교회의 소책자를 가지고 교회를 소개하고 적극적으로 교회를 자랑하며, 예배 참석 내지는 교회 방문 약속을 받아낸다.

⑤ 입주 후 전도 : 2인 1조로 매일 두 라인씩 매번 다른 내용의 전도지를 가지고 다니며 방문한다. 매회 갈 때마다 일지에 기록으로 남겨서 다음 방문할 때 참고한다.

2) 기존 아파트 전도

① 이사 온 집 인사 : 새로 이주하는 가정을 방문하여 전도지와 교회 소개지를 전달한다.

② 사랑방 전도 : 아파트 단지 주출입구에 부스 형태의 공간을 마련하여 음료와 다과를 준비한다.

지나가는 어린아이들에게 나눠 줄 사탕과 과자도 있으면 좋다. 전도지와 교회 홍보물에는 기독교 문화가 담긴 읽을거리를 싣는 것이 효과적이다.

3. 아파트 전도 전략

1) 방문 전도

① 아파트 방문 전도 준비물 : 작은 성경, 주보 30장 이상, 전도지 100장, 등록카드, 방문 대상자 명단(태신자), 작은 선물(음료수), 소책자, 간증 테이프(설교 테이프), 메모 수첩, 필기도구

2) 방문 공포증을 어떻게 처리할까?

① 기도로 하나님께 힘을 공급받는다(짝꿍과 함께 손 잡고 담대함이 올 때까지).

② 성령께서 우리보다 앞장서서 가신다는 확신을 갖는다.

③ 전도는 우리가 순종할 때 생각지 못했던 좋은 결과를 주시는 것이라고 믿어야 한다.

④ 담대함을 가져라. "두려워하지 말며 잠잠하지 말고 말하라 내가 너와 함께 있으매 아무 사람도 너를 대적하여 해롭게 할자가 없을 것이라"(행 18:9-10)는 말씀을 굳게 붙잡고 출발한다.

3) 도착했을 때 어떻게 할까?

① 문전에서 잠시 묵상기도를 한다.

② 노크 세 번, 문이 열리면 정중하게 인사부터 한다.

③ "누구세요?" 라고 반응하면(다양한 대답으로) 소속을 밝히고 온 목적을 설명한다.

④ 약간 뒤로 물러서서 기다린다.

4) 문 안으로 들어가는 요령

① 밝은 미소로 정중한 인사(물 한 컵, 잠시 쉬었다가 갈 수 있을까요 등)

② 상대방 옆에 앉는다.

③ 주변 환경을 칭찬해 준다.

④ 라디오나 TV를 끄도록 양해를 구한다.

⑤ 일반적인 대화부터 시작하여 마음을 열게 한다.

⑥ 최근 그의 관심사나 가정의 문제를 파악한다.

⑦ 문전에서 거절당했을 경우 - "다음에 꼭 한번 시간 좀 내보세요. 축복이 될 거예요"라고 인사한다.

5) 복음을 어떻게 제시할까?

① 신앙이나 연령에 따라 복음 제시 방법을 다르게 한다(하나님, 인간, 예수, 구원, 영접 순으로).

② 천천히 부드러운 어조로 말한다.

③ 중간의 질문은 좋은 질문이라고 칭찬해 주면서 저도 그렇게 생각했다고 인정해 주고, 끝으로 미루었다가 답변해 준다.

④ 처음 방문 시에는 긴 설명과 질문을 피한다.

⑤ 어려운 단어를 사용하지 말아야 한다(영생, 중생, 성령, 율법, 대속, 모태신앙).

⑥ 영접 기도는 강요하지 말고 따라서 하게 하는 것도 가급적 피한다.

⑦ 등록카드를 적을 때 심문하듯이 하면 상처받으므로 꼭 필요한 것만 묻고 직업이나 신상에 관한 것은 묻지 않는다(기도해 드릴게요).

6) 동반자가 도울 일

① 일반적인 대화에는 함께 참여한다.

② 복음 전할 때는 침묵으로 기도한다.

③ 방해자 접근 시 따로 시간을 갖고, 어린이가 있는 경우 다른 방으로 가서 함께 놀아 주거나 복음 제시를 하거나 심부름을 시켜 접근하지 못하도록 한다.

④ 영접 기도 시에 함께 도와주어야 한다.
⑤ 선물 및 영접카드 준비, 기록 준비 등

7) 결과 보고 및 평가
① 오는 순서대로 등록 용지를 제출한다.
② 짧은 간증을 한다.
③ '핍박과 고난은 장차 면류관이다' 라고 복창한다.
④ 잘못된 것은 스스로 반성하고 시정한다.
⑤ 반대 의견 처리법을 다시 읽어 본다.

8) 아파트를 더 효과적으로 전도할 전략
① 엘리베이터 전도 : 엘리베이터 안에서 타고 내리는 사람에게 교회 홍보 및 1분 복음을 제시하며 기다리는 사람에게 인사를 나누고 간단한 선물을 전달한다. 어린이와 함께 동반했을 경우 쉽게 이름과 층수를 확인한다.
② 놀이터 전도 : 놀이터에서 어린이와 함께 놀아 주며 놀이터 정문, 후문 출입구에서 5~6명이 한 팀이 되어 풍선 전도와 꽃사탕 만들기를 한다.
③ 셔틀 버스 : 아파트 순회 셔틀 버스를 이용할 때 간단한 선물과 교회 홍보지를 전달하며 1분 복음 제시를 한다. 셔틀 버스 운행이 안 되는 곳은 교회 버스로 봉사하면 효과 만점이다(교회 버스로 수완지구 셔틀 버스 운행).
④ 새소식반 : 아파트 안에 새로 이사 온 기존 성도의 가정이나 새로 등록한 신실한 믿음의 가정을 선택하여 장기적인 전도

계획으로 매주 1~2회 어린이들이 모여 방과 후 활동을 하면서 복음을 듣도록 한다. 이때 구역에서 돌아가면서 간식을 몇 차례 준비하면 다음에는 학부모들께서 손수 만들어 오신다.

⑤ 미화원 아주머니 방문 : 미화원 아주머니들이 쉬는 시간에 찾아가 과일 및 음료수를 드리고 이야기를 나누면서 전도지와 교회 소책자를 전달할 때 간접 전도에 큰 기여를 한다.

⑥ 경비원 아저씨 방문 : 교회 선물을 오며 가며 수시로 드리고 점심 반찬을 챙겨 드린다. 음료수 및 소책자, 간증 테이프, 감사편지 등을 함께 드린다.

⑦ 아파트 내 경로당 : 경로당에 필요한 전자제품 또는 물품 등을 기증하거나 무료로 이발, 목욕, 경로대학 초청, 연주회, 풍물놀이, 바자회 초청, 무료 급식 등을 준비한다. 또한 교회 내 행사 시 차량을 동원하여 모셔 오고 모셔다 드리면 최고다. 각 경로당에 전도 특공대를 배치하여 수시로 매주 방문한다.

제6강

방문 전도의 실제 방법

1. 방문 전도 준비

① 전도할 때에는 머리부터 발끝까지 단정하게 해야 하며, 두 사람이 함께 가야 하고, 반드시 함께 기도한 후 출발한다.

② 성경을 들고 가면 모든 사람이 주시하기 때문에 말과 행동에 조심해야 하며, 잡담을 금하고 큰소리로 웃거나 몸을 많이 흔드는 일은 삼가고 전도 이야기만 한다.

③ 전도할 때에는 팀원 중 리더가 먼저 한다. 다음은 번갈아서 하며, 한 사람의 전도가 시작되면 다른 한 사람은 뜨거운 마음으로 기도로써 돕는다.

2. 방문 전도 시 알아야 할 것

① 길에서 전도할 때에는 시야를 넓게 하여 여유 있게 접근한다. 반대편 사람과 만나서 인사를 나눈 후에는 같은 방향으로 걸어가면서 자연스럽게 이야기를 나눈다.

② 현장에서 전도하고 있을 때 다른 사람이 모여들면, 방해가 안 되고 평안히 전도할 수 있도록 다른 곳으로 인도해야 한다. 길에서 전도할 때에는 장소를 잘 이용하여 평안한 곳으로 인도하고, 상대방을 벽쪽으로 향하게 해서 시선이 흐트러지지 않도록 해야 한다.

③ 전도하다가 이단을 만났을 때에는 보내든지 내가 피하든지 한 후 전도한다.

3. 방문 전도의 대화법

① 복음을 증거하기 전에 부드러운 대화, 재치 있는 유머로 마음문을 열도록 하며 신뢰감, 안도감을 갖도록 소속을 밝히고 접근한다. 접근법 연습이 가장 많이 필요하다. 남자 – 인상이 참 좋습니다, 어디서 많이 본 분 같습니다. 여자 – 아주 미인이십니다(○○교회 ○○집사입니다. ○○동에 사는 ○○엄마예요).

② '나는 주님을 대신하고 교회를 대표하고 목사님을 대신하여 전도한다' 라는 생각을 갖고 신중하고 공손한 자세로 전도해야 한다(가장 행복한 마음으로).

③ 전도 대상자를 칭찬해야 하며 상대방이 말을 할 때 관심 있게 귀를 기울인다.

④ 전도자의 표정에는 사랑의 미소가 있어야 한다(미소 훈련은 장기간 동안 스스로 노력해야 한다).

⑤ 내가 만나는 모든 사람은 전도 대상자이다. 많은 만남이 많은 태신자를 만들고 많은 열매를 맺는다(일주일에 100~500명 만나기 운동).

4. 방문 전도의 접근 방법

① 작정한 전도 대상자에게 맞게 접근 일정과 방법을 찾으라.

② 작정된 전도 대상자에게 어떻게 접근을 시작할 것인지를 정하라. 처음 시도가 중요하다. 처음 접근할 때에 좋은 이미지를 남기고 관계를 지속할 수 있는 문을 열어 놓도록 하라.

③ 접근하는 방법은 정해져 있지 않다. 자신이 가장 자신 있는 것을 활용하라.

④ 전도 대상자가 초청에 응하기 전까지 지속적으로 접근하라. 영혼 구원에는 포기가 없다. 시간이 걸린다고 너무 조급해하지 말라.

⑤ 접근할 때 어떤 상황이 발생하더라도 논쟁하거나 영혼에 대한 긍휼의 마음을 잃지 않도록 하라.

5. 방문 전도의 좋은 결과를 위하여 필요한 것

① 성령의 역사를 확신하고 담대한 마음을 가지고 접근하되 사랑과 섬김으로 다가가라.

② 전도 대상자의 상황, 형편을 파악하고 그 속에서 접촉점을 찾는 것이 좋다.

③ 접근 후 상황을 구역에서 나누고 기도와 도움을 받도록 하라.

④ 전도 대상자를 구역에 초청하라(구역 환영잔치).

⑤ 교회의 각종 행사에 초청할 수 있다.

⑥ 교회 예배에 초청할 수 있다. 당일 약속 시간과 만날 장소를 정하고 찾아가야 한다.

⑦ 안내를 준비해야 한다. 직접 찾아가서 교회로 인도하는 것이 가장 좋다.

6. 방문 전도의 특징

① 예비된 영혼을 만나게 해주신다.

② 듣든지 않든지 전하면 성령이 열매맺게 해주신다.

③ 이 세상의 방황하는 영혼들을 구원해내는 최선의 방법이다.

④ 죽어가는 사람이 죽은 사람을 전도하는 것이다.

⑤ 때를 얻든지 못 얻든지 전파하는 것이다.

⑥ 우리가 예수를 전해야 사람들이 예수를 믿을 수 있다.

⑦ 희생의 대가 없이 전도의 열매는 없다.

〈방문 전도 훈련〉

______ 교회 ______ 조 : (   ), (   ), (   ), (   )

♧ 묵상 말씀

화	수	목	금	토	월
행 1:8	요 3:16	행 16:31	요 1:12	마 28:19-20	단 12:3

♧ 만남

번호	날짜	만난 사람	인상착의	만난 장소	영접 기도	교회 인도
1						
2						
3						
4						
5						
6						
7						
8						
9						
10						
11						
12						
13						
14						
15						
16						
17						
18						
19						
20						

담임목사 인

6. 방문 전도 10가지 수칙

1) 전도할 대상 지역을 선정한다.

무계획적으로 전도하면 관리가 안 되고, 계속적인 방문이 안 되면 결실하기가 어렵다. 그러므로 교회에서 정해 준 지역을 선정한다.

2) 전도할 때 한 지역을 계속하여 방문하고 집중한다.

자기 교구가 담당할 지역을 선정했으면 매일, 매주 방문한다.

3) 이단 종파에 빠져 있는 가정은 별도로 나중에 방문한다.

논쟁이 심하면 의욕을 잃게 되고 시간이 낭비된다.

4) 요일별로 지역을 정하여 차례대로 방문한다.

습관이 중요하며 어떠한 일이 있더라도 정한 시간에 전도하도록 한다.

5) 한 집도 빼놓지 않고 방문하는 것을 원칙으로 한다.

빠짐없이 많이 방문하고 태신자를 얻도록 한다.

6) 한번 목표한 일들은 그날에 완수할 수 있도록 한다.

미루는 것이 습관이 되지 않도록 적당한 선에서 계획을 짠다.

7) 첫 방문 시에는 주보나 전도지를 사탕이나 껌에 부착하여 방문한다(작은 선물).

8) 초보자의 경우는 모르는 동네에 먼저 가서 전도한다.

아는 사람으로부터 전도에 방해를 받지 않도록 하는 것이 좋다.

9) 방문카드를 작성하고 반드시 기록을 한다.

다음 방문할 때 꼭 참고하여 선물을 준비하고 중복되는 일이 없게 다음 방문 계획을 세운다.

10) 지역에서 가장 부지런하고 친절한 사람으로 먼저 인정받도록 노력해야 한다.

제7 강

팀 전도를 통한 전도

먼저는 한국 교회의 현재 상황과 성장구조를 비교해 보면 다음과 같이 이해할 수 있다.

성장하고 있는 교회는 2퍼센트 미만이고 나머지는 정체되어 있거나 침체되어 있으며, 침체된 교회 86퍼센트가 교인이 100명 미만이다. 이 침체의 원인이 전도와 밀접하게 관련되어 있다고 본다.

때문에 한국 교회의 성장을 위해서 전도는 매우 중요하다고 볼 수 있다. 하지만 한국 교회가 이제까지 보여왔던 예전의 전도 전략이 아닌 새로운 전도 전략이 필요하다고 생각한다.

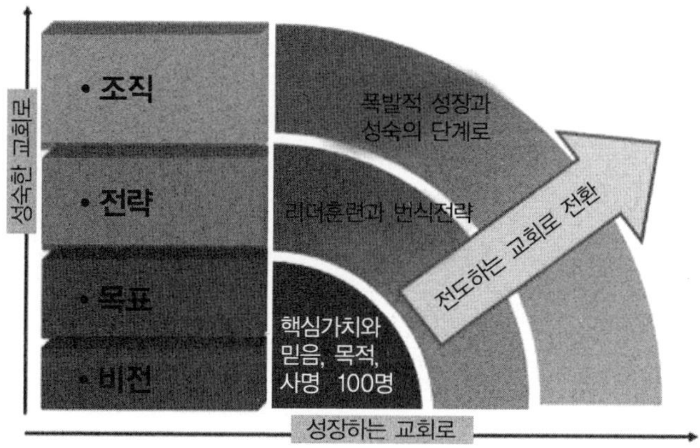

〈효과적인 전도를 하기 위한 대안 : 팀 전도〉

1. 팀 전도 전략의 5원리(목표 세우기▶전도 대상자 확보하기 ▶기도하기 ▶접촉하기▶팀으로 전도하기)

1) 목표 세우기 : '왜 목표가 필요한가?'

전도하는 데 있어서 목표는 매우 중요하다. 목표가 없이 전도를 하게 되면 지치고 의지력이 약해지기 때문에, 정확한 동기 부여는 성도들이 스스로 전도할 수 있게 해주고 열정을 갖게 하며, 전도에 집중하는 힘을 만들어 준다.

〈목표의 중요성〉

동기 부여 : 사람들을 마음으로부터 사로잡는다.

집중 : 기운이 넘치고 집중하게 한다.

헌신 : 헌신하게 한다.

방향 : 방향을 제시해 준다.

행동 : 행동하게 한다.

극대화 : 능력을 극대화시켜 준다.

일반적인 전도에 대한 세 가지 반응 : 무관심 90%, 고민형 8%, 행동형 2%

이유는 전도에 관한 잘못된 일곱 가지 견해를 갖고 있기 때문이다.

첫째, 전도는 헌신되고 믿음이 좋은 사람이 하는 것이다.

둘째, 전도는 훈련된 사람만이 하는 것이다.

셋째, 전도를 잘하려면 영적 수준을 높여야 한다.

넷째, 전도는 낯선 사람들에게 하는 것이다.

다섯째, 오래된 교인은 주변의 사람들을 모두 전도해 버릴 것이다.

여섯째, 전도는 지금 즉시 결신하게 하는 것이다.

일곱째, 전도를 잘하려면 강심장을 가져야 한다.

2) 전도 대상자 확보하기 : '대상자는 가장 가까운 곳에서부터.'

전도 대상자를 정할 때에는 가장 가까운 사람부터 정하는 것이 좋다. 사람들이 교회 나오는 데 영향을 미치는 것에 대한 조사 결과를 보면 홍보로 인해 2%, 조직적 방문을 통해 6%, 목회적 접촉으로 인해 6%, 친구나 친척의 초대로 인해 86%로 나와 있다. 그렇기 때문에 우선 가까운 사람들을 대상자로 삼아야 한다.

나의 영향권 안에 있는 사람 중 구원받지 못했거나 교회에 참석하지 않는 사람들로서 부모 형제와 가족, 친구들, 처가 및 친정 식구, 친분이 있는 이웃집 사람들, 얼굴만 아는 동네 사람들, 고향사람과 그 가족들, 동창회원 및 친목계원, 동네 가게 사람들, 최근에 이사온 사람들이 그 대상이다.

3) 기도하기 : '사명 감당은 기도할 때 가능하다.'

"구하라 그러면 너희에게 주실 것이요 찾으라 그러면 찾을 것이요 문을 두드리라 그러면 너희에게 열릴 것이니"(마 7:7).

우리가 기도할 때 하나님이 일하신다. 기도 없이 하는 모든 일은 사람의 일일 뿐이다. 하나님이 맡겨 주신 사명은 기도로써 그 능력을 입을 때 감당할 수 있다. 기도하는 교회가 성령의 능력을 입어, 세상을 변화시키고 친구와 친척, 이웃과 직장 그리고 민족과 세상에 전도할 수 있다.

4) 접촉하기

"그러므로 너희는 가서 모든 족속으로 제자를 삼아 아버지와 아들과 성령의 이름으로 세례를 주고"(마 28:19).

① 가서 만나야 한다 - 보통 사람은 일곱 번 접촉하고 나서야 교회에 참석할 것을 결단하게 된다.
② 전략이 필요하다 - 친구가 되라. 그리고 신자를 만들라(관계 후에 복음 제시).

- 카드 보내기 : 생일, 기념일, 추수감사절, 크리스마스, 부활절, 낙심해 있을 때, 가족 사망, 축하할 일 등을 기억해서 카드를 보내도록 한다.
- 일곱 번 접촉하기(초대) : 저녁식사, 소풍, 볼링, 테니스, 교회, 친구 모임, 파티, 관광 등
- 제공하기 : 차가 공장에 있는 경우에 차량 제공, 아프거나 상을 당했을 때 식사 제공, 특별한 경우에 아기를 돌봄, 출산한 산모를 위해 집안 청소 해주기, 이웃이 휴가 중일 때 애완 동물을 돌봐 주기 등.

5) 팀으로 전도하기

예수님은 혼자 전도하지 않으시고 나를 팀으로 만드셔서 함께 전도하기를 원하신다.

2. 팀 전도의 유익

① 팀은 필요를 충족시켜 주고, 목표에 도달하는 방법에 대한 다양한 관점을 제공해 주며, 각각의 상황에 대한 여러 가지 대안들을 그려 준다. 각 개인의 통찰은 어떤 문제에 직면했을 때 그룹의 통찰만큼 넓고 깊지 못하다.

② 팀은 승리에 대한 신임과 손실에 대한 비난을 나누어 갖는다. 이로 인해 참된 겸손과 진정한 공동체가 촉진된다.

③ 팀은 전도의 장애물을 제거해 준다.

- 팀은 전도의 최대의 장애인 두려움을 극복하게 해준다.
- 팀은 서로 격려하면서 전도를 지속적으로 하게 해준다.
- 팀은 은사와 재능과 자원을 서로 공유하고 보완하게 해준다.
- 팀은 서로의 약점과 단점들을 보완하고 영향력을 증강시킨다.
- 가장 이상적인 전도팀이 될 수 있다(복음 제시 가능한 1인과 새신자 2인).

3. 팀 리더로서 담임목사의 역할

① 비전을 제시해야 한다.
② 설교와 교회 구조를 전도체제로 전환시킨다.
③ 세미나, 간증을 통해 교육과 훈련을 시킨다(직접 코치한다).
④ 팀원들보다 앞장서서 교육한 내용과 훈련한 것들을 직접 실행한다.
⑤ 재정을 지원하고 전도에 필요한 자금을 조달한다.
⑥ 로비 장식, 주보 광고, 현수막을 이용하여 전도의 분위기를 조성한다.
⑦ 전도자를 위로하기 위해 칭찬과 격려와 상금을 아끼지 않는다.
- 출석 체크를 통해 인원이 가장 많은 팀 전원에게 선물
- 가장 많이 전도한 자 성지순례
- 전도 반지 증정

⑧ 심방, 식사 대접, 만남 등을 통해 사후 관리를 철저히 한다.
⑨ 친구 초청의 날, 총동원주일 등 전도 이벤트를 기획하여 진행

한다.

4. 복음을 전하는 자에게 주시는 영광과 약속

하나님의 임재, 영광스러운 존재, 특별한 관심과 번영 그리고 부흥 성장 등

"지혜 있는 자는 궁창의 빛과 같이 빛날 것이요 많은 사람을 옳은 데로 돌아오게 한 자는 별과 같이 영원토록 비취리라"(단 12:3).

5. 전도대 운영의 실제

1) 전도대 조직 방법

① 팀 조직 : 두 사람씩 묶어서 한 조로 하고 두 조를 합하여 한 팀이 되게 한다.

② 지역 배정 : 각 팀별로 지역을 할당해 준다(예 – 아파트별로).

③ 목표 설정 : 각 팀별 전도 목표를 스스로 결정하게 한다.

④ 리더(팀장) 임명 : 전도팀을 이끌 리더를 임명한다.

⑤ 중보기도회 조직 : 전도 현장에 직접 나갈 수 없는 자들은 중보기도회를 조직하여 기도로 전도팀을 후원한다.

2) 전도대 운영 방법

① 모임 : 매주 1일

② 시간 : 오전 : 이론 교육/오후 : 현장 전도

③ 보고회 : 당일 현장 전도 직후

④ 팀별 모임 : 팀별 모임은 자유롭게 리더의 재량에 맡김.

⑤ 월례회 : 매월 1회/전도 활동 및 실적 보고/다음 달 전도 계획 팀별 발표

⑥ 예산 : 남 · 여전도회를 전도대에 연계 후원/전도팀 헌신예배를 통해 헌금 후원

⑦ 발표회 : 우수 전도팀 간증 보고

⑧ 전도팀 추가 모집 : 팀 증설

⑨ 다양한 전도 방법 도입

6. 전도 중심적 교회

1) 전도 중심적인 교회 조직(전 기관을 전도대로 조직)

① 구역이 전도팀으로 활동한다.

② 남 · 여전도회를 전도 특공대로 세운다.

③ 교구를 전도대로 조직한다.

2) 전도 중심적인 교회 분위기 만들기

① 특별 새벽기도회(전 교인 성령운동) 기간을 정한다.

② 전도 세미나를 통해 동기 부여를 한다.

③ 팀 전도대 및 전도학교를 상시 운영한다.

④ 총동원 전도주일을 실시한다.

3) 절기를 통한 전도

① 부활절→ 경로당 노인 및 독거노인 초청

② 어버이주일→ 가족/남편 초청

③ 어린이주일, 맥추감사절→ 어린이/친구 초청

④ 추수감사절→ 중, 고, 청년 초청 축제

⑤ 창립기념일→ 태신자 초청

⑥ 성탄절→ 환경미화원/택시기사 초청

4) 각종 행사를 통한 전도

전교인 체육대회, 가족 등반대회, 부부 세미나, 남편 초청주일, 동네 음악회 및 정기 음악회, 문화센터, 무료 영화 및 포럼, 사랑나눔 바자회, 구청과의 연계 위탁사업 주부대학원/방과후 수업 등, 사랑의 봉사활동 및 구제사업, 경로대학 운영 등

제8강
총동원 전도

1. 총동원 전도 – 왜 필요한가?

하나님께서 우리에게 주신 지상 대명령인 전도, 영혼 구원의 사역은 교회가 반드시 이루어야 할 사명이다. 이것은 교회의 선택사항이 아니라 교회가 하지 않으면 교회의 생명력 자체가 위협받을 수 있는 선교 사명인 것이다. 지상의 모든 교회는 복음 전파의 사명을 감당해야 주님의 몸 된 교회라는 이름에 부끄럽지 않게 된다.

주님의 마음을 가진 자는 전도하지 않을 수 없다. 주님은 세상의 영혼들을 구원하기 위해 스스로 그렇게 낮아지셨는데, 우리가 주의 제자라면 동일하게 그 마음을 갖는 것이 당연하다. 예수 믿지 않는 영혼에 대한 찢어지는 마음이 전도자의 심정일 것이다.

총동원 전도는 이러한 마음을 전 교회적으로 불러일으키는 전 교회적 운동이다. 총동원 전도는 세상 속에 하나님의 복음을 선포하는 것이 그 목적이다. 교회에 한 번도 출석한 일이 없는 사람들을 교회로 초청해 예수 그리스도를 알고 고백하게 하는 운동이 총동원 전도이다.

총동원 전도는 외적 운동이기 이전에 내적 운동이다. 교회 밖을 향해 선포하기 전에 교회 안에 있는 사람들에게 그리스도인은 누구나 전도인의 사명을 갖고 살아야 한다는 사실을 일깨우는것이다.

총동원 전도는 세상 세력에 대한 하나님 주권의 회복이며, 그리스도인의 역할을 감당하며 살아가는 책임 있는 그리스도인이 되게 하는 데 목적이 있다.

2. 총동원 전도 – 어떻게 할 것인가?

총동원 전도는 그야말로 교회가 할 수 있는 모든 것을 동원해 불신자들을 불러 모아 복음을 전하는 일이다.

총동원 전도를 효과적으로 실행하기 위해서는 모든 교인이 한마음이 되어 총동원 전도를 위해 기도하고 전도하는 일에 동참하도록 해야 한다. 모든 예배 때마다 총동원 전도를 위한 합심기도를 함은 물론, 예배의 모든 순서를 총동원 전도에 초점을 맞출 필요가 있다. 더 나아가 교회의 모든 행사에서도 총동원 전도가 최우선순위가 되어야 한다.

그리고 총동원 전도의 효과를 높이기 위해서는 눈높이를 불신자들에게 맞출 필요가 있다. 교회의 장식이나 선물 등도 새로 온 사람들에게 경건성을 잃지 않으면서도 친숙한 것으로 간단하고 깔끔하게 준비한다. 예배 또한 불신자들이 너무 소외당하지 않도록 '열린 예배' 형식을 도입하는 것도 좋은 방법이 된다.

또한 총동원 전도를 효과적으로 하기 위해서는 전 교회의 조직이 하나 되어, 총동원 전도를 위해 필요한 부분을 나누어 맡아 조직적으로 책임 있게 수행할 수 있어야 한다. 그리고 계획적인 홍보 전략을 세우고 일정 기간 전도에 집중할 수 있도록 해야 할 것이다.

3. 행사 진행 방법은 어떻게 해야 하는가?

① 홍보 : 매주 주보로 7주 전부터 홍보

플래카드 및 포스터 부착(교회 안과 밖으로, 마을 중심 되는 두세 곳)

전도 성구 부착 – 교회 안팎 및 화장실, 그리고 각 성도 대문에 까지 한다.

② 기도회 : 50일 릴레이 기도회(새벽, 저녁 등 한 끼 금식)

마지막 10일간 밤 8시 기도에 힘씀, 부흥회(전 교인 동참)

전도 간증자 초청 각 지도자 및 교구장 기도회(매주일 예배 후 진행상황 보고회 겸)

③ 태신자 작정 : 준비 기도 기간에 설정(교회 벽보에 크게 계시)

노방전도 및 축호전도, 기타 다양한 접근법을 통하여 태신자를 작정할 수 있도록, 전 교인이 주일 및 전도의 날(주중에 하루)

에 동참해 태신자를 계속 작정할 수 있도록 방법론을 설명해 준다. 태신자를 작정한 이에게 선물과 축복기도로 격려한다.

④ 태신자 편지 : 이슬비편지, 기타 전도기관에서 발행된 것 참조(전담자 조직)

⑤ 태신자 방문 : 여리고 작전
전 교인 광고 시간에 매주 훈련 – 주보에 방법론 설명, 매 예배 시 1분 간증으로 4~5명씩 보고, 핍박 및 결신을 통해 전 교인 동기 부여 받음

⑥ 전도 전략 : 구역 및 교구별 목표 설정, 교구장별로 전략 발표 대회, 교구 및 개인별 시상

⑦ 선물 및 음식 준비 : 오병이어 운동

⑧ 사후 관리 : 각 구역장 권찰 모임에서 새신자 관리에 대해 12주 훈련
새신자 관리를 철저하게 해야 새신자가 다시 새신자를 양육할 수 있음

⑨ 전 교인 전도의식 고취 : 총동원 주일을 앞둔 준비 기간 모두 전도에 관한 설교로 일관한다. 전 교육기관까지 힘을 모은다.

⑩ 구호 제창 : 매 집회마다 구호를 제창함으로써 합심하여 적극적인 믿음을 갖도록 도와준다.

⑪ 준비 기간 : 총동원 주일 공포 전 2주간 – 전략 세우기, 준비위원회 구성(초안 작성, 통과), 당회 및 교구장 미리 모임(교구장은 전략 세워서 인쇄물 준비)

4. '2012년 총동원 주일'의 실제

1) 개요

① 명칭 : '4. 8. 새 생명 부활주일'

② 일시 : 2012. 4. 8.(기간 50일)

③ 목표 : * 개인 전도 – 1인 1명

* 가족 전도 – 가족 100% 출석
* 구역 전도 – 구역 100% 출석, 배가운동
* 태신자 결신 – 각 교구당 3명씩(9교구) 270명

④ 주제 성구 : "주께서 구원받는 사람을 날마다 더하게 하시니라"(행 2:47)

⑤ 표어 : "할 수 있다 하면 된다 꼭 된다!"

2) 일정에 따른 단계별 추진 계획

① 1단계 – 준비 및 기도(2월 12일~2월 19일)

총동원 주일(새 생명 부활주일)을 위해 새벽집회를 통해 기도하며 준비 및 계획을 한다.

② 2단계 – 총동원 주일 선포(2월 26일~3월 4일)

총동원 주일(새 생명 잔치)을 성도들에게 선포한다.

* 동영상 홍보/주제가 합창/일정표 및 작정서 배부/플래카드 및 홍보자료 설치

③ 3단계 – 총동원 주일 홍보(3월 2일~4월 12일)

㉠ 3월 6일(화) – 플래카드(야외/본당), 포스터(게시판/엘리베이터), 배너(복도) 설치

ⓛ 3월 10일(토) – 풍선 장식(아치형과 벽걸이형 헬륨풍선 등)

ⓒ 3월 11일(주일) – 선포식(동영상-연속 3주), 폐회송 – 주제가 합창, 전도지/초청장 배부

ⓔ 3월 18일(주일) – 작정자와 만남을 위한 선물 지급(홍보 내용이 인쇄된 고급 지갑화장지)

ⓜ 3월 18일(주일) – 참석 대상자와 만남을 위한 선물 지급(스티커 초청장을 붙인 볶은 소금)

④ 4단계 – 교구별 설명 및 점검(3/4(수), 3/11(수), 3/18(수))

ⓖ 3월 7일(수) : 구역장 모임을 통해 전체 계획을 여전도회에 설명한다.

ⓛ 3월 14일(수) : 각 교구별 실행위원들에게 교구별 계획을 설명한다.

ⓒ 3월 21일(수) : 교구 등록자 및 참석 예정자를 위한 초청계획을 점검한다.

⑤ 5단계 – 전도 작정

ⓖ 전도 작정은 3회(3월 18일/3월 25일/4월 1일)로 하며, 개인 보관용은 소지하고 제출용은 주일 예배시간에 헌금함을 통해 제출한다.

ⓛ 개인별로 작정한 전도 대상자를 교구별로 정리하여 매주 교구목사에게 전달한다.

* 작정자 명단과 등록자 명단은 교구별로 정리하여 다음 주일에 전달한다.

ⓒ 작정한 전도 대상자의 명단을 구역과 교구에서 공유하며 기도와 전도 방법을 모색한다.

⑥ 6단계 – 중보기도(4월 1일~4월 8일)

㉠ 작정한 전도 대상자를 위해 특별 새벽집회와 금요 철야 기도시간에 함께 기도한다.

㉡ 특별 새벽기도회, 구역예배 등 공식모임에서 집중적으로 기도한다.

㉢ 교구별, 구역별 모임을 총동원 주일 모임으로 집중하며, 필요 시 교구별 릴레이 기도 및 금식기도, 또는 교구별 연합구역모임 등을 소집하여 기도한다.

⑦ 7단계 – 접촉 및 초청(4월 1일~4월 8일)

㉠ 개인적으로 작정한 전도대상자와의 만남을 통해 초청한다(전도지, 초청장, 주보, 성안 소식지, 설교 테이프, 전도 선물 등으로 접촉한다).

㉡ 구역별 모임에 전도 대상자를 초정하여 가정에서의 만남을 시도하여 초청한다.

㉢ 지역별로 서로 협력하여 대상자와 가장 가까운 사람과 함께 방문하며, 또는 새가족 교육, 어머니 기도회에 초청하고, 필요 시 교구별 전도대, 임원, 담당목사의 심방과 지원을 통해 접촉과 초청을 진행한다.

⑧ 8단계 – 등록 및 관리

㉠ 총력 전도 주일에는 본당 입구에서 새가족 등록 업무를 새가족팀에서 담당한다.

* 한 주 전에 미리 등록양식을 작성하여 총력 전도 주일 당일의 혼잡을 피한다.
* 평상시 새가족에게 지급하는 선물과 같은 것을 전도팀에

서 지급한다.

㉡ 작정 대상자가 등록을 할 경우 등록 후 등록 심방(선물)을 통해 정착을 지원한다.

* 당일 등록자 중에 1회 출석자와 지속적으로 다닐 사람을 구분하여 관리한다.
* 작정자가 아닌 일반 새가족의 경우 새가족 담당목사가 심방한다.

㉢ 작정대상자가 등록을 한 후 심방을 받은 경우는 새가족 팀과 교구에서 집중적인 관리를 통하여 교회에 정착할 수 있도록 지원한다.

⑨ 9단계 – 선물 및 시상

㉠ 작정 대상자가 등록한 경우 등록 선물은 평상시처럼 기념품과 식사권을 지급한다.

㉡ 교구시상은 개인, 구역, 지역별 작정과 등록에 따라 시상한다.

㉢ 교육부서는 부서별 전체 인원과 등록 인원에 따라 시상한다.

5. 총동원 주일 준비 내용

1) 감동의 예배 준비

- 방송실과 담당자는 설교의 시간과 내용을 미리 확인한다.
- 예배 영상은 구원의 확신을 주는 것으로 준비한다.
- 기도 순서도 순서자에게 미리 준비하게 하고 검토한다.

• 방송실에서 찬송가 가사와 성경 구절, 성가곡 가사를 모두 준비한다.
• 안내위원의 복장이 통일되게 하고 장소도 미리 정해 준다.
• 성가대도 복음적이고 쉬운 곡으로 준비한다.
• 특별 순서와 간증 순서 시간 배정과 연습을 확인한다.
• 예배실 좌석은 1층부터, 앞좌석부터 앉도록 한다(담당자 배치).
• 광고할 사항을 미리 담임목사님께 보고한다.

2) 안내, 등록과 선물
• 교회 정문 입구에서 등록카드를 신속하게 받는다.
• 등록 받을 때 안내위원들의 동일한 복장을 확인한다.
• 등록대장은 노란색과 파랑색으로 구분하여 재등록과 새 등록을 확인한다.
• 선물은 준비된 것으로 하되 들어오면 등록서와 함께 교환한다.
• 설문지 작성을 위한 보고서 자료를 위해서 등록서 내용도 확인한다.

3) 당일 총동원 준비
• 총동원 주일은 전 교인이 차량 봉사한다.
• 구역장들은 조직적으로 태신자를 모셔 오도록 차량 지원을 확인한다.
• 성도들에게 태신자와 만날 장소와 시간을 확인하여 지원팀과 조율한다.
• 당일 태신자를 못 모시고 오는 사람은 도우미로 봉사한다.

- 구역장은 구역별로 태신자 명단을 모두 소집하여 전 구역원에게 돌리고 협조를 구하고 상황을 점검한다.
- 총동원 주일 당일에는 반드시 한 시간 전에 전화하고 찾아가서 만나 같이 온다.

4) 홍보

- 홍보 전단지는 1개월 전에 미리 준비한다.
- 플래카드는 몇 장을 준비하고 어디에 설치할 것인지 미리 정한다.
- 초청장도 내용과 디자인을 미리 확인하고 우편으로 전달한다.
- 교회 밖 홍보와 내부 홍보를 분류해서 홍보한다.
- 홍보를 담당하는 부서는 매일 미팅을 통해서 상황을 점검한다.

제9 강

구역을 통한 전도

1. 구역이란?

구역이란 같은 거주지 안에 있는 성도의 묶음이다.

시편 16편 6절 말씀에 보면 "내게 줄로 재어 준 구역은 아름다운 곳에 있음이여 나의 기업이 실로 아름답도다" 라고 말씀하고 있다. 그러기에 구역을 통해 성도들은 중요한 만남을 갖게 된다.

또한 구역은 큰 교회 안에 있는 한 작은 교회이다. 작은 교회로서의 구역이 맡은 바 본연의 임무에 충실히 최선을 다할 때 교회는 성장하게 된다.

교회는 신경이요 혈관이요 세포이다. 신경계통과 같이 구역이

마비되면 교회도 마비 현상이 온다. 교회의 모든 활동은 구역을 통하여 역동적이며 극대화될 수 있다.

그러므로 구역은 교회의 세포라 할 수 있으며, 분열되는 세포를 통해서, 즉 많은 구역이 나타남에 따라 교회의 성장을 경험하게 된다.

2. 구역 모임의 문제점

요즘 사회는 매우 다원화된 사회이다. 직업도 다양하고 그 일을 하는 방식도 매우 다양하다.

또한 생활문화의 변화로 도시에 사는 사람들은 이웃들이 내 집에 들어오는 것을 환영하지 않는다. 함께 교제하고 어울리기보다는 개인적인 삶에 더 비중을 두고 살아가는 이들도 많이 있다. 이러한 현실 속에서 구역 모임을 이끌어 가는 데 많은 어려움과 문제점이 나타나기도 한다. 하지만 위기는 언제나 기회를 동반한다. 구역의 소중함을 알기에 적극적으로 준비하고 대비하여 위기를 기회로 변화시키자.

이제부터는 다양한 구역 모임의 시도가 필요하다. 낮에만 드리는 기존의 구역 모임으로 끝나는 것이 아니라 부부끼리 모이는 구역 모임의 활성화, 맞벌이 부부의 증가에 따라 밤 구역을 활성화시키는 방안 등 여러 가지 방법을 통해 구역 모임의 문제점을 이겨 나가는 것이 중요하다.

3. 구역 모임의 목적

구역 모임의 목적은 크게 다섯 가지로 말할 수 있다.

① 하나님께 예배드리기 위함이다.

일주일에 한 번 모이는 것으로 부족한 영적인 삶의 충족을 누릴 수 있다.

> "모이기를 폐하는 어떤 사람들의 습관과 같이 하지 말고 오직 권하여 그날이 가까움을 볼수록 더욱 그리하자"(히 10:25).

② 하나님의 말씀을 배우기 위함이다.

③ 성도의 교제를 위함이다.

사람은 본질상 죄악의 자녀이어서 자연 그대로의 상태로는 자꾸 죄와 교제하게 된다(롬 13:12-13).

어두움과 교제(엡 5:8-11), 세상과 교제(요일 2:15-16), 이단과 교제하여(요이 1:10-11), 결국은 마귀의 종이 될 수밖에 없다. 따라서 진정한 성도의 교제는 이런 위험으로부터 자연스럽게 성도의 삶과 가정을 지켜 준다.

④ 복음 전도를 위함이다.

이웃의 어려움을 나누어지기도 하고, 예배에 자연스럽게 초청할 수도 있는 열린 모임이어야 한다.

⑤ 초신자들의 신앙 성장의 양육 장소이다.

구역 모임을 통해 초신자들은 평소에 의심나는 진리에 대하여 배울 수 있고, 교회 생활에 대한 적응을 배우면서 신앙이 성숙하게 된다.

4. 구역 지도자(구역장)의 역할

구역 모임에 있어서 구역장의 역할은 매우 중요하다. 구역장의 영적인 리더십에 의해 구역 모임의 활성화와 성장이 이루어진다. 그러므로 구역장은 영적인 생명력이 있어야 하고, 믿음의 용기와 담력 그리고 인내와 사랑이 요청된다. 늘 기도와 생명의 양식을 통하여 영적인 생명력을 공급받기 위해 노력해야한다.

또한 구역장의 역할이 중요하기에 구역 모임을 잘 이끌어가기 위해 그에 따른 책임도 수반된다.

① 구역장은 하루 한 번 기도로 심방하고 일주일에 한 번은 꼭 몸으로 심방해야 한다.

② 구역 모임을 통한 구역헌금은 구역에서 활용하되 애경사, 생일, 친교, 구제, 건축헌금, 선교헌금 등으로 사용하는 것이 좋다.

③ 친교에도 많은 시간을 투자해야 한다. 구역 모임을 야외소풍, 식사, 취미에 맞는 행사로 함께 모여 서로 교제하는 것이 좋다.

④ 구역장은 구역 모임을 통한 전도에도 힘써야 한다.
먼저는 전도의 방법을 구체화시키는 것이 중요하다. 연초에 전도 대상자를 선정하여 지속적이고 조직적으로 전도를 실시하며, 구역 모임에 이웃을 초청하기도 하고, 이슬비전도편지와 신문을 돌리면서 집중적으로 전도를 하면 좋다.

한 주에 한 번 정도는 전도사님과 함께 구역원 전체가 나가 전도하는 것도 좋으며, 매일 이사 오는 가정을 살펴보고 관심을 가짐으로 전도하는 것도 좋은 방법 중 하나이다.

또는 학교 자모회 모임과 부녀회의 모임을 통해 교제를 나누면서 전도하는 것도 좋은 방법이다.

⑤ 구역장은 새가족에게 더욱 각별한 관심을 가져야 한다.
새가족는 제일 약하고 방심하면 넘어지는 신앙의 유아기이다. 그러기에 구역장은 새가족을 1대 1로 양육하는 것이 좋다. 새가족 성경공부와 세례 공부를 시키며, 성경 교리에 대한 기초 성경공부를 시킴으로 새가족이 잘 양육될 수 있도록 도와주어야 한다.

⑥ 교회에서 안내위원의 역할을 감당해야 한다.
교회를 찾아오거나 등록한 성도를 뜨겁게 영접하고 친절하게 안내해 주는 역할을 하면 좋다.

⑦ 구역 모임은 대화식으로 인도하는 것이 좋으며, 구역 공과 준비에 최대한의 시간을 투자하여 철저하게 준비해야 한다.

5. 구역 전도의 실제

① 구역장들은 전도 훈련을 반드시, 우선적으로 받아야 한다. 그렇게 해야 그 영혼이 얼마나 귀한지 알기 때문이다.

② 작정한 전도 대상자에게 맞게 접근 일정과 방법을 찾으라.

③ 작정한 전도 대상자에게 어떻게 접근을 시작할 것인가를 정하

라. 처음 시도가 중요하다. 처음 접근할 때는 좋은 이미지를 남기고 관계를 지속할 수 있는 문을 열어 놓도록 하라.

④ 접근하는 방법은 정해져 있지 않다. 자신이 가장 자신 있는 것을 활용하라.

⑤ 전도 대상자 초청에 응하기 전까지 지속적으로 접근하라.

⑥ 접근할 때 어떤 상황이 발생하더라도 논쟁하거나 영혼에 대한 긍휼의 마음을 잃지 않도록 하라.

⑦ 성령의 역사를 확신하고 담대한 마음을 가지고 접근하되 사랑과 섬김으로 다가가라.

⑧ 전도 대상자의 형편을 잘 파악하고 그 속에서 접촉점을 찾는 것이 좋다.

⑨ 접근 후 상황을 구역에서 나누고 기도와 도움을 받도록 하라.

⑩ 전도 대상자를 구역에 초청하라(구역 환영 잔치).

⑪ 교회의 각종 행사에 초청할 수 있다.

⑫ 교회 예배에 초청할 수 있다. 당일 약속 시간과 만날 장소를 정해 찾아가야 한다. 인내로 준비해야 한다.

6. 구역장의 축복

구역장은 사람에 의해 세워진 자리가 아니라 하나님께서 세워 주신 사명의 자리이다. 예수님의 마음을 가지고, 예수님을 사랑하고 이웃 사랑을 실천하는 자들에게 큰 은혜와 복을 주신다.

그리고 하나님은 구역장을 왕 같은 제사장으로 사용하신다. 제사장의 사명을 주심으로 하나님 나라와 의를 위하여 힘써 일하는 자로 사용하시며, 영적인 성장과 함께 자신과 가정 자녀들에게도 큰 복을 주신다.

또한 구역장의 삶을 통하여 영혼 사랑의 마음을 부어 주시며, 영혼들을 위하여 더 기도하게 하신다. 그러기에 구역장은 하나님께 복을 받을 수 있는 귀한 자리이다.

제10 강

여러 가지 전도법

110년 남짓한 비교적 짧은 역사를 가진 한국 교회의 교인 수가 1,200만 명을 넘어선 것은 오로지 전도의 힘이다. 이러한 급성장은 시간과 장소, 대상을 불문하고 발로 직접 뛰어다닌 수많은 전도자들이 있었기에 가능했다. 그중 폭발적인 전도를 이룬 독특한 전도법을 소개한다.

1. 고구마전도법

"젓가락으로 찌르기만 하면 저절로 익는다. 어서 나가 주위에 널린 생고구마들을 주저 말고 찔러라."

고구마전도법을 실행하기 전에는 우선 구호를 제창한다. "나가면 있고, 안 나가면 없다!", "말하면 있고, 말 안 하면 없다!", "생고구마 걱정 말고 노는 입에 찔러 보자!"라는 세 가지 구호를 먼저 복창한 후 현장으로 나가야 한다. 또한 전도자는 전도는 자신이 하는 것이 아니라 전적으로 주님이 하시는 것임을 명심하고 그냥 전하는 역할만 하면 된다는 것을 항상 기억해야 한다.

고구마전도법의 핵심은 찔러 보기다. 우선 찔러 보고 익지 않은 자들은 좀 더 익혔다가 또 찔러 보는 것이다. 젓가락 구멍이 많이 날수록 빨리 익는 이치에 따라 수시로, 꾸준히 찔러야 한다.

고구마전도법은 세 가지 말로 이루어진다.

첫 번째 던지는 질문은 "예수 믿습니까?"이다. "예수 믿으세요!"라는 명령형은 전도 대상자에게 거부감을 줄 수 있으므로 질문형을 사용함으로써 상대방의 태도가 부드러워질 수 있다. 질문을 던지기 전 칭찬을 먼저 해주는 것도 필수요건이다.

두 번째 말은 "그래도 믿어야 합니다. 너무 좋아요"이다. 이 부분에서는 '너무'를 강조해서 믿는 것이 좋다는 것을 심어 줘야 한다.

세 번째는 "기도하고 있습니다"이다. 이것은 지속적 찌르기의 단계로, 꾸준히 만나면서 늘 기도하고 있음을 계속 기억시켜야 한다. 전도 대상자에게 전도자가 특별한 애정과 관심이 있음을 드러내는 표현이다.

고구마전도법은 과천교회 전도왕 김기동 집사가 개발한 전도법이다. 8년째 청년 전도대를 이끌고 과천 일대를 다니며 무차별 폭격 전도를 하고 있다. 그는 현재 기독교전도사역연구소 소장과 오지농촌선교회 회장을 맡고 있다.

2. 모유전도법

"내 믿음을 보존하기 위해 가족을 전도해야 하고, 예수님의 제자 되기 위해 이웃을 전도해야 하며, 사도의 사명을 다하기 위해 세상에 나가 전도를 해야 한다."

모유전도법을 개발한 엄호섭 씨가 초창기에 강연할 때 여성들만 모였다고 한다. 모유전도법이란 말이 여성을 위한 전도법으로 착각하기 쉽기 때문이다. 모유전도법은 동구밖 전도, 앞마당 전도, 뒷마당 전도로 나누어진 관계 중심의 전도법으로, 전도된 한 영혼을 기도와 말씀, 행함으로 신자화하는 정착의 전도법이다.

'동구밖 전도'는 구원받지 못한 사람들에 대한 전도이다. 우선 대상을 찾고, 대상의 삶을 먼저 살펴보고, 내 삶을 보여주어야 한다. 대상을 찾은 후에는 대상에게 좋은 인상을 심어 주어야 한다. 그런 후에 복음의 손을 내밀어야 한다. 손은 전도자가 내밀고, 주님이 손을 잡게 하고 구원의 능력으로 이끄는 것이므로 무조건 내밀어야 한다.

'앞마당 전도'는 교회로 인도된 대상자를 정착시키는 단계로서 결혼에 비유된다. 우선 해야 할 것이 예식인데, 함께 교회에 입장을 해야 하고, 예물로 성경과 찬송을 주고, 성도들과의 상견례를 통해 공포해야 한다. 다음으로 신혼여행을 떠나야 한다. 이 과정에서는 좋은 안내자가 되어 교회를 소개하고, 좋은 보호자가 되어 미래에 대한 희망을 심어 주어야 한다. 이어서 잉태의 단계로 성도의 교제를 통해 친분을 쌓고, 봉사와 성경공부를 통해 교회에 뿌리를 내리게 해야 한다.

'뒷마당 전도'는 본을 보이는 양육의 전도이다. 설교를 통한 말씀의 되새김과 성경공부를 통한 말씀으로의 양육이 이어져야 한다. 마지막으로 양육은 말씀을 통한 감사의 본을, 사랑의 본을, 전도의 본을 보여주는 것이다.

모유전도법은 1천여 회 전도집회를 이끈 전도 파수꾼 엄호섭 엘림전도훈련원장이 개발한 전도법이다.

3. 101전도법

재미와 성경적 기초를 가지고 나가서 전도하는 무차별 전도법이다. 전도를 시작하기 전 어디로 갈지, 얼마나 자주 갈지, 얼마 동안 시간을 투자할 것인지 등을 먼저 결정하고 출발해야 한다.

101전도법은 교회 연락처가 기록된 전도지를 그냥 심심하게 전달하지 않는다. 실질적으로 다가갈 수 있는 방법을 통해서 전도지를 전달하는 것으로 수많은 방법이 있다. 교통 체증 시 도넛 나눠주기, 우체국 앞에서 우표 나눠 주기, 아침에 토스트 나눠 주기 등의 무한한 방법이 있다.

도시에서 응용할 수 있는 전도법으로는 과외 해주기, 혈압 측정해 주기, 이삿짐 운반해 주기 등이 있다. 처음 전도를 시작할 때의 적당한 방법으로는 완전 공짜 세차하기, 음료수 나눠 주기, 선물 포장해 주기, 낙엽 쓸기, 신문 나눠 주기, 요양소 생일 파티 열어 주기 등이 있다.

101전도법을 발명한 스티브 쇼그린은 빈야드 공동체 대표 목사로, 37명으로 시작해서 현재 6천 명의 회원을 모은 전도대장이다.

4. 불신 남편 전도법

여성도의 비율이 높은 한국 교회에서 자주 나오는 기도 제목은 "남편 예수 믿게 해주세요"이다. 이것은 한국 교회 목회자들이 심방 가서 가장 자주 접하는 기도 제목이기도 하다.

불신 남편 전도법은 이른바 '나 홀로 신앙'을 가진 아내로서 남편을 어떻게 전도할 것인지에 대한 총 50가지의 상세하고 구체적인 전도법이다.

남편 소지품을 가져가서 미리 교회에 자리 맡아 놓고 기도하기, 뽀뽀로 전도하기, 바람피운 날 금식으로 전도하기, 친정어머니의 도움을 받아 전도하기, 자녀를 통해 전도하기, 1년에 한 번만 나가자는 식의 다단계 방법으로 전도하기, 직장 해고의 기회를 통해 전도하기, 최후 통첩하여 전도하기, 사랑의 편지를 통해 전도하기 등 일상생활의 작은 부분을 통한 전도법이다.

불신 남편 전도법은 행복한가정연구원 원장으로 있는 신경직 목사가 개발했다.

5. 태신자 전도법

태신자 사랑운동은 하나님께서 가장 기뻐하시는 성숙한 성도의 사랑의 고백이다. 남녀가 성숙하면 결혼하여 자녀를 낳게 되는 것처럼 주님의 영적 신부가 된 우리는 신앙이 성숙해지면 영적인 자녀를 낳게 되어 주님을 기쁘시게 해 드릴 수 있다.

그러므로 나의 주변에 전도 대상자를 미리 정하여 기도와 사랑으로 영혼을 잉태하고 돌보아 주면서 복음으로 해산하여 귀한 생명을 주님께 바쳐 드리는 것이 태신자 사랑운동이다.

1) 태신자 작정

총동원 주일 선포 후 한두 주간 동안 전 교인 작정 기도회를 시작한다. 총동원 주일 선포 2~3주 전부터 태신자의 인적사항을 적어서 한 부는 교회에 제출하고 한 부는 성경책에 붙여 놓게 한다. 작성하여 제출하는 주일에는 광고 시간에 5분 정도 시간을 주고 볼펜을 준비하였다가 전 교인이 작성하여 쓰게 한 다음 그 자리에서 제출하게 해야 효과가 있다. 대형 교회는 호명이 불가능하나 중소 교회에서는 호명이 가능하므로 축복기도를 해주고, 태신자를 위한 1차 방문선물을 그 자리에서 전달한다. 그리고 교회 벽 전면에 태신자 명단으로 도배를 한다.

2) 편지로 사랑

작정된 태신자는 7~15회까지 편지를 개인 자필로 보내도록 훈련하고, 우표는 개인 부담, 문서선교부 주관으로 할 수도 있으며, 인터넷 관리를 최대로 활용할 수 있다.

3) 여리고 작전

작정된 후부터 매주 1회 방문하되 주보와 함께 전도지, 선물 등을 전달하여 7회에서 15회까지 책임 있게 순종하며 소리 없이 돌게 한다. 작정된 태신자를 연령층으로 구분하여 각 교회학교 및 전도회 기관으로 명단을 넘기고, 중보기도를 한 후 정보를 입수하여 스포츠나 여행, 관람, 도서 등으로 접근하도록 훈련시켜야 한다. 집중 사격 대상을 한 사람씩 정하여 등록시킨다.

제11강

관계를 통한 생활전도

1. 관계를 통한 생활전도란?

그리스도인들의 모범적인 생활로 불신자들에게 감동을 주어서 교회에 나오고 싶도록 인도하고, 되도록 좋은 관계를 맺어 신뢰를 쌓고 복음을 들을 수 있는 마음을 열게 하고 결국은 예수를 믿어 그리스도인이 되게 하는 방법이다.

2. 관계를 통한 생활전도의 중요성

대부분의 그리스도인들은 생활에서 말씀의 실천이 부족하여 신앙의 모범이 되지 못한 경우들이 많다. 불신자들이 교회 오기 싫은 이유가 교인의 위선적인 삶이며 이기적인 모습에서 전도가 되지 않는다. 하나님의 성품으로 복음의 메시지를 전달할 때 쉽게 복음이 전달된다. 그리스도인으로서의 선한 영향력은 그저 착한 사람으로만 끝나는 것이 아니라 예수를 믿음으로 선하고 착한 사람 곧 말씀대로 살기 때문에 나타나는 선한 향기, 기도하기 때문에 나타나는 영향력이 있어야 한다는 것을 결코 잊어서는 안 된다.

관계를 통해 복음을 전하는 데 있어서 피해야 할 것들은 무분별한 기독교의 독선적이며 왜곡된 신앙 때문에 불신자에게 거부감을 주는 것들은 되도록 줄여 가면서 편하게 관계를 이루어 갈 수 있도록 지혜로운 언어의 선택과 편안한 대화도 빼놓을 수 없는 생활전도의 필수요소라 하겠다.

3. 더 좋은 관계를 위한 초대와 만남

이웃이나 비신자와의 인사를 통해 서로의 어색함이 사라졌다면 초대를 통해 좋은 관계를 맺어 가야 한다. 예수님을 믿게 된 동기를 살펴보면 이웃과 친척들의 권유를 통해서 전도된 것이 통계상으로 86%이고 목회자를 통해서 6%, 광고를 통해서 2%로 나타나 있다. 초대를 하면 마음을 열기가 쉽고 다음번 만남을 쉽게 가질 수 있고, 반복해서 만남을 가질 수 있게 된다. 가정의 사정들도 쉽게 알아 갈 수 있고 자녀들과 여러 가지 문제에 대해 영적인 터치를 할 수 있게 된다. 더 나아가서는 두 가정의 만남으로 끝나는 것이 아니라, 구역으로의 초대를 통해 더 많은 교인과의 접촉하고 관계를 맺게 해서 향후 교회에 등록했을 때 친구도 많고 아는 사람도 많게 되므로 정착률을 많이 높일 수 있다.

"바울이 온 이태를 자기 셋집에 머물면서 자기에게 오는 사람을 다 영접하고 하나님의 나라를 전파하며 주 예수 그리스도에 관한 모든 것을 담대하게 거침없이 가르치더라"(행 28:30~31)

4. 주변의 관계를 맺고 초대할 수 있는 사례들

① 초대를 통한 관계 맺기 - 자녀 친구들의 초대, 아빠 친구들의 초대, 직장 동료들 초대, 온가족 동반 구역예배, 이웃집 초대 구역예배

② 배움터를 이용한 관계 맺기 - 종이접기, 꽃꽂이, 선물포장, 서예, 기타, 제과제빵, 음식 만들기 등

③ 자녀를 통한 관계 맺기 - 자녀 공부지도, 야간 놀이방, 토요일 아이 교실, 영어교실 등.

④ 스포츠를 통한 관계 맺기 - 운동을 통한 만남과 초대(축구, 탁구, 족구, 배드민턴, 배구 등)

"너그러운 사람에게는 은혜를 구하는 자가 많고 선물 주기를 좋아하는 자에게는 사람마다 친구가 되느니라" (잠 19:6)

5. 예수님의 관계를 통한 생활전도(요 4:1–26)

예수님이 사마리아 여인을 만나는 장면을 우리는 다 잘 알고 있다. 처음 대면부터 어떻게 그 여인으로 하여금 마음의 문을 열고 복음을 받아들이게 하는지 살펴보자.

1) 첫 만남(1–8절)

예수님이 수가 성의 사마리아 여인을 만나 처음 하신 말씀은 "물을 달라"는 것이었다. 자기 신분을 밝히지 않았다.

2) 마음의 문을 열기(9–15절)

낯선 사람과 금방 친해진다는 것은 결코 쉬운 일이 아니며 경계심을 없애는 것이 가장 먼저 해야 할 단계일 것이다. 그렇기 때문에 상대방의 관심 분야를 파악하고 공통분모를 찾아가는 것은 더 없이 좋은 마음 문 열기라 하겠다. 예수님처럼 물을 긷는 여인에게 물에 관한 이야기를 꺼내면서 말이다.

3) 걱정 근심 터놓기(16–22절)

불신자를 구원하기 위해 좋은 관계를 맺는다는 것은 그와 친해지는 것만으로는 부족하다. 마냥 웃고 이야기하고 먹는 것에만 집중한다면 더 깊은 단계로 들어갈 수 없게 된다. 예수님처럼 아픈 곳을 건드렸지만 날카로운 반응이 아닌 자기 자신의 문제를 털어 놓는 단계 말이다. 좋은 친구라 함은 자신의 어려움을 털어 놓을 수 있는 친구라야 한다. 상대방이 고민을 아직 나누지 않았다면 더 큰 신뢰를 쌓아야 한다. 예수님은 최종적인 인생 목적인 참 예배자의 단계로 그녀를 초대하고 있다. 대부분의 사람들이 겪는 문제는 삶에 관한 문제일 것이다.

4) 예배로의 초대(23-24절)

일상적인 삶에서 일어나는 문제보다 영적인 문제에 대해 필요를 느낀다면 예수님이 그녀의 가장 시급한 문제인 예배의 자리로 초대하신 것처럼 불신자를 예배의 자리로 초대해야 할 것이다.

5) 복음의 수용과 고백(25-26절)

교회에 한 번 초대하는 것도 얼마나 어려운 일인가? 전도의 최종 목적은 구원하는 데 목적이 있기 때문에 예배의 자리에 나온 것으로 끝나지 말고 지속적인 관심과 배려로 복음의 메시지를 수용하고 자기 스스로 고백할 수 있게 하기 위해 끝까지 함께해 주어야 할 것이다.

6. 실제적 관계를 통한 생활전도

앞에서 살펴본 예수님의 모범을 보면서 실제적인 방법에 대해 나누어 보자.

1) 첫 만남? 누구나 전도의 대상이 될 수 있기 때문에 습관처럼 첫 인상을 좋게 해야 한다.

① 미소를 동반한 인사로 상대방도 미소를 머금게 하자. 칭찬할 것을 찾아서 말하는 것도 좋다.

② 주변을 살펴 대화를 이끌 소재를 찾는다.(동반한 아이, 차림새, 들고 있는 도구들 등)

③ 자신의 신분을 상대방이 가장 가깝게 느낄 수 있는 부분을 부각시켜 말한다.

④ 다양한 인사말을 준비하여 만남을 최대한 자연스럽게 이끈다.

⑤ 상대방이 부담을 느끼지 않도록 높은 톤이나, 수다스러운 느낌을 주지 않는다.

2) 마음의 문을 열기 – 지속적인 만남과 마음이 담긴 선물로 상대방의 마음 문을 연다.

① 작은 정을 나누는 느낌으로 음식이나 소소한 것들을 나눈다.

② 직접 만나지 않더라도 자녀들을 통해 과일이나 채소를 나누는 것은 매우 좋다.

③ 가끔 전화를 걸어 지속적인 관심을 갖고 있음을 보여준다.

④ 상대방의 마음 문을 여는 것은 가식 없는 진심 어린 마음이다.

3) 걱정 근심 터놓기? 누구에게나 근심과 걱정은 있게 마련이다.

① 자신의 인생 문제를 먼저 털어놓으면서 상대방도 자신의 문제를 이야기하도록 한다.

② 교회를 다닌 적이 있는지 다른 종교가 있는지 집안에 믿는 사람이 있는지 등 파악하는 것이 좋다.

③ 가정에 있는 부부, 자녀, 시댁 식구 등과의 갈등이 있는지를

관심 있게 살펴본다.

④ 자기가 경험한 영적인 문제에 대해 간단한 간증을 하는 것도 좋다(봉사 활동, 사랑의 실천).

4) 교회로의 초대? 너무 부담스럽게 접근하게 되면 지금까지의 모든 관계는 깨지고 서먹한 관계가 될 수 있으니 조심스럽게 하는 것이 필요하다.

① 교회 주변을 적극 활용한다. 함께 지나가다 목회자도 소개해 주고 교인들도 소개한다.

② 교회의 여러 가지 행사 등에 초대한다.

③ 교회 오기로 약속했다면 집 앞에서 기다리는 등 적극적인 모습을 보여야 한다.

④ 어색하거나 부담스러운 부분보다는 좋은 점, 감동 받은 점 등에 대해 부각시키도록 한다.

⑤ 교회 오기로 한 자기의 결정이 옳은 결정이라는 것을 계속 심어 주어야 한다.

5) 복음의 수용과 고백? 교회 데리고 나오기도 무척 힘이 든 일이지만, 그것이 최종 목표가 아닌 복음을 수용하고 스스로 고백하는 단계에 이를 수 있도록 해야 한다.

① 예배에 지속적인 참여와 교회와 많은 접촉을 가질 수 있도록 최선을 다해야 한다.

② 구역 모임에 인도하여 더 많은 친구를 사귀게 하고 간증도 듣게 한다.

③ 스스로 기도하게 하고 함께 중보하므로 은혜 받는 체험을 위해 간구하자.

④ 신앙의 본이 될 뿐만 아니라, 목적 달성을 하고 버린다는 느낌을 가지게 해서는 절대 안 된다.

제12강

어린이 교회학교를 통한 전도

1960년대 이후 한국의 교회학교는 그 어느 시기보다 활성화와 전문화의 시기를 맞았었다. 그러나 한국의 교회학교는 1995년을 기점으로 새로운 도전에 직면하였다. 개신교 교회의 성장 둔화가 서서히 시작되다가 마이너스 성장으로 돌아서면서, 이와 함께 교회학교도 수적으로 감소되는 현상이 나타났다

〈전체 개신교 인구 수에 대한 전체 개신교 아동 수 비율〉

	1985년	1995년	2005년
전체 개신교 인구 수	6,489,624	8,760,336	8,616,438
전체 개신교 아동 수	890,760	936,614	887,360

한국 교회학교 침체 요인에는 교육적 요인, 교회적 요인, 시대 · 문화적 요인 등이 있다. 장신대 기독교교육과 양금희 교수는 교회학교 침체 요인을 어린이들과 밀접한 관계에 있는 교역자, 교사, 학부모에게서 찾는다. 침체 요인들을 몇 가지 살펴보고자 한다.

1. 교회학교 교육의 문제점

① 목사, 전도사 등 교역자 문제 : 담임목사의 성인 중심적인 목회는 교회학교에 관심을 두지 못하도록 한다. 이것은 교회학교 위기가 교회 위기임을 말해 준다. 또한 토, 일에 봉사 시간이 편중되어 있는 교육전도사는 봉사하는 시간과 근무 기간이 짧기 때문에 봉사를 목회 실습 정도로 이해하게 된다. 이러한 환경은 책임감과 사명감이 결여된 봉사를 하도록 만든다.

② 교회학교 교사들의 문제 : 한마디로 교사가 없다는 것이다. 교사를 3D업종(주방, 차량 안내, 교사) 중의 하나로 보는 시각 때문에 교사로 헌신하고자 하는 자원자들이 없다는 것이다. 교사의 수급 자체가 어려운 또 다른 이유는 교회 내 교사 훈련 프로그램이 준비되어 있지 않은 점과 계속적인 재교육의 부재이다.

③ 교회학교 부모들의 문제 : 부모들이 신앙의 모범이 되어야 한다. 디모데, 모세, 웨슬리 같은 훌륭한 이들 뒤에는 항상 신앙의 모델이 되었던 부모가 있었다. 유대인의 신앙전승에 따라 아버지가 말씀을 맡은 자가 되어, 자식들의 스승이 될 수 있어

야 한다.

④ 교육 방법이나 프로그램의 문제 : 세상은 인터넷, 게임, 스포츠등 흥미를 일으키는 것들을 계속해서 만들어 내고 있다. 어린이들로 하여금 말씀 듣는 시간이 재미없고 지루한 시간이 되도록 해서는 안 된다. 말씀을 더욱 재미있고 창의적으로 전달하기 위해 미디어(영상)나 시청각 자료 등을 이용하고, 성경공부 시간에는 구연동화식으로 어린이들의 흥미를 불러일으킬 수 있는 전달 방법을 개발해야 한다.

⑤ 신앙의 열정 저하 : 어린이들도 열정 있는 교사들을 좋아한다. 열정 있는 교사는 어린이에게 눈높이를 잘 맞춘다. 성경공부를 재미있게 가르치는 선생님, 사랑과 관심을 보여주는 선생님, 먹을 것을 잘 사주는 선생님을 좋아한다. 이것은 어린이를 향한 열정이 있어야 가능하다.

⑥ 주5일 근무제의 확대로 인한 여가 선용 : 교회학교마다 주5일 근무제로 인한 대책 마련이 시급하다. 토요 휴무로 인하여 부모님을 따라 산으로 강으로 다님으로 주일성수를 하지 못하는 것이 큰 요인이 되고 있다.

⑦ 입시 위주의 시대적 상황 : 부모님들이 신앙교육보다 입시 위주의 교육에 관심을 쏟아서, 교회보다는 학교와 학원을 우선으로 생각한다. 이로 인하여 주일학교 운영이 축소되어 이루어지고 있다. 주일 두 시간 예배가 한 시간 예배로, 여름성경학교가 5일에서 3일, 때론 단 하루로 끝나고 있는 현실이다. 또한 장년은 새벽기도, 구역예배, 저녁예배가 주중에도 계속 이어짐으로써 신앙 증진에 많은 도움을 주지만, 학생들의 경

우에는 그렇지 못하다.

⑧ 교회에 대한 사회의 부정적인 이미지 문제 : 1992년 휴거설 (다미선교회)

⑨ 기타 : 저출산

2. 교회학교 교육의 방향

1) 예배의 갱신을 통한 축제의 예배가 되어야 한다.

성인이나 아동이나 청소년이나 예배가 살아 있어야 교회가 산다. 학생들이 하나님을 만나고, 초월적 하나님과 예수 그리스도가 중심이 되는 예배를 드릴 수 있게 되어야 한다.

2) 사랑과 치유의 교회학교가 되어야 한다.

사회는 능력 중심으로 평가하지만 교회학교는 사랑을 주고받는 자리가 되어야 한다. 생일을 축하해 주는 교사, 엽서나 편지, 메일이나 전화, 심방을 통해 사랑을 전해야 한다.

3) 공동체의 전통을 배우는 교회학교가 되어야 한다.

교사는 말씀에 의지하여 자신의 삶의 고통과 아픔과 장애와 모든 쓴 뿌리들을 극복한 경험이 있어야 한다. 말씀에 의하여 진정 변화된 경험을 가지고 공동체의 전통을 자신의 삶의 역사로 만든 사람이어야 한다.

4) 하나님 나라의 비전을 형성해야 한다.

어린이들도 결국 학교와 장차 이 사회에 하나님 나라 통치를 이루는 제사장적 존재들이다. 그러한 어린이를 세우는 것이 교회학교 교육의 목표가 되어야 한다.

3. 교회학교 어린이의 중요성

1) 어린이 한 명의 가치(마 18:1-10)

① 천국에 들어가는 모델이다.

> "가라사대 진실로 너희에게 이르노니 너희가 돌이켜 어린아이들과 같이 되지 아니하면 결단코 천국에 들어가지 못하리라"(3절).

② 예수님을 영접하는 것이다.

> "또 누구든지 내 이름으로 이런 어린아이 하나를 영접하면 곧 나를 영접함이니"(5절).

2) 사람들이 자기의 어린 자녀를 데리고 예수님께로 온 이유(막 10:13; 눅 18:15)

사람들은 예수의 만져 주심을 바라고 나아왔다(막 10:13).

3) 제자들이 어린아이를 대하는 태도(막 10:14; 눅 18:15)

사람들이 예수께서 만져 주심을 바라고 어린 아이들을 데리고 오자 제자들이 꾸짖는다. 이를 본 예수님께서는 그것을 분히 여기셨다(막 10:14).

4) 예수님께서 어린아이를 대하는 태도

예수님께서는 그 어린아이들을 안고 저희 위에 안수하시고 축복하셨다(막 10:16).

> "그 어린아이들을 불러 가까이하시고 이르시되 어린아이들이 내게 오는 것을 용납하고 금하지 말라 하나님의 나라가 이런 자의 것이니라"(눅 18:16).

4. 어린이 전도 방법과 양육

1) 어린이 전도 방법

① 학교 앞 전도 : 교회학교 교역자 중심으로 교사, 전도대가 함께 한다. 교사들은 동물 캐릭터 탈인형, 분장 등 어린이들에게 친숙한 이미지로 다가가며 솜사탕, 사탕, 껌과 함께 전도지를 전달한다.

② 놀이터 전도 : 놀이터에서 어린이와 함께 놀아 주며 놀이터 정문, 후문, 출입구에서 5~6명이 한 팀이 되어 풍선 전도와 꽃사탕 만들기를 한다.

③ 복음 매직 : 나이에 관계없이 나라에 관계없이 좀 더 쉽고 선명하게 복음의 메시지를 전하고자 할 때 마술을 도구로 이용하는 것으로, 교회학교에서 메시지를 전할 때 효과적이다.

④ 제3교회학교 : 토요일 오후 또는 주일 예배 후 어린이들의 달란트 특성에 맞는 반별 활동으로 운영하면서, 나 혼자만이 아니라 믿지 않는 친구들에게도 영향력이 있는 어린이가 되어 복음을 제시하고 전도하게 한다(뮤지컬, 종이접기, 영어회화, 축구, 워십, 컬러지점토, 요술풍선 등).

⑤ 새생명 전도잔치 : 장기 결석 어린이와 전도 대상자를 대상으로 찬양예배를 통한 전도 축제 예배를 실시한다. 어린이들이 전도 대상자 명단을 작성하고(3주 전) 학교별 모임을 통해 심방과 전도가 함께 이루어지도록 한다. 학교로 찾아가 교사와 어린이들이 함께 전도 대상자를 만나고 교회에 나올 수 있도록 도와준다. 교회에서는 축제를 위해 찬양팀, 캐릭터팀, 데토팀, 간식팀이 준비한다.

⑥ 잃은양 찾기 : 장기 결석생들에 대한 관심과 기도, 장기 결석 이유 파악 후 초청장 보내기, 심방 및 전화하기

⑦ 5월 어린이 문화 축제 : 어린이주일을 맞아 어린이 놀이 문화 잔치를 실시한다. 이 행사는 어린이들에게 재미있는 기독교 놀이문화를 제공하면서 전도 대상 친구들이나 믿지 않는 가정의 자녀들에게 교회의 벽을 허무는 좋은 기회가 되고 있다. 또한 어린이를 통해 학부모까지 연결된다.
1부 예배시간을 갖고 2부 놀이마당이 진행되며, 어린이들이 자유롭게 코너를 돌며 다양한 놀이문화를 체험하게 한다(10

~15개의 놀이 코너, 먹거리, 바자회 등).

⑧ 문화 교육 및 부모 교육 : 문화 리더십, 미디어 교육의 실제, 이중문화 지도자로 키우기, 청소년 집단 상담 프로그램, 대중문화와 아동, 청소년 문화, 대화기법 등을 교육한다.

2) 양육

① 어린이 지도자 훈련 : 어린이들이 지속적인 훈련과 사역을 통해서 예수님의 작은 제자의 삶을 살아갈 수 있도록 훈련하고 인도한다(연 2회 모집).

② 선교 훈련 : 국내 선교 유적지를 탐방한다(성막 센터, 기독교 문화 탐방)

③ 전도 훈련 : 토요일, 주일 오후에 글 없는 책을 가지고 담당 선생님과 함께 학교 앞, 놀이터, 주택가 주변을 돌며 전도한다.

④ 영성 훈련 : 성경 듣기, 성경 읽기, 성경 공부하기, 암송하기, 묵상하기, 적용하기, 성경 나누기 등 일곱 가지 방법으로 접근하여 성경을 보다 구체적으로 알아간다.

⑤ 신입 어린이 교육 : 총회 교육부에서 어린이들을 위해 제작한 새로운 신입반 교재를 사용한다. 요리라는 주제를 통해 초청의 메시지를 담고 있으며, 예수님과 더불어 먹고 마심으로 새친구들이 믿음 생활에 친숙하게 다가갈 수 있다.

⑥ 성경 골든벨 : 성경 말씀을 토대로 성경 퀴즈대회를 실시하고 패자부활전, 골든벨 울리기 등을 진행하여 자신감을 실어 준다.

5. 어린이를 통한 학부모 전도

① 편지 보내기 : 반 아이들을 통해 불신자 부모를 파악하고, 아이들과 선생님이 함께 편지를 작성하여 집으로 발송한다. 이때 전도지와 교회 홍보 소책자를 함께 동봉한다.

② 부모 교육 : 교회학교를 중심으로 부모 교육 강좌를 통해 여러 부모님을 만나는 시간을 갖는다. 부모 교육 후 같은 아파트 단지, 같은 초등학교로 분류하여 믿는 부모님과 불신 부모님을 연결시켜 주도록 한다.

③ 부모 초청 예배 : 어버이주일을 맞이하여 부모님과 함께 드리는 예배의 시간을 마련하여, 어린이들이 부모님을 모셔와 주일예배를 드릴 수 있게 한다. 이때 교사는 부모님들의 교회 출석을 파악하고, 불신 부모들을 중심으로 예배 후 교회 홍보 영상 또는 소책자를 준비하여 전달한다.

④ 유치원과 어린이집 연계 : 각종 행사에 교회 소책자를 가지고 방문하여 참석하는 부모들에게 전달한다.

제13강

70인 전도대 파송(눅 10:1-20)

주님은 이제 멸망 상태의 회복을 약속하시기 위하여 자기 방문을 알리는 선포자들로서 70인을 선택하신 것으로 보인다.

그들을 둘씩 짝 지어 보내신 것은 그들이 약했기 때문이었던 것 같다. 그들이 단독으로는 자신의 임무를 힘차게 수행하는 데 필요한 용기를 갖지 못할까봐 염려하셨다. 피차 용기를 낼 수 있게 하기 위하여 그들을 둘씩 짝 지어 보내신 것이다.

1. 추수할 곡식이 많다

자기 제자들에게 부지런히 노력할 것을 고무하시기 위하여 그리스도께서는 추수할 것이 많다고 선언하셨으며, 그들의 수고가 헛되지 않을 것과 성과 있는 일을 위한 충분한 기회를 얻게 될 것이라고 암시하고 계신다.

그리고는 위험과 수고로움과 다가올 비난에 관하여 경고하시고, 띠를 띠고 나가서 유대 모든 땅을 빠짐없이 신속하게 찾아다닐 것을 명하셨다.

2. 길에서 아무에게도 문안하지 말라

이 말씀은 우리가 여행 중에 누구를 만났을 때 그가 단 1분이라도 우리를 지체시킬까봐 그에게 말도 못하고 서둘러 가는 행동을 의미한다. 열왕기하 4장 29절에 보면 엘리사도 그의 사환 게하시를 수넴 여인에게 보낼 때에 길에서 만나는 누구에게도 인사하지 말라고 했다.

이것은 그리스도께서 그의 제자들이 만나는 자들에게 인사하는 것을 경멸할 정도로 몰인정한 자들이 되어야 한다고 말씀하시는 것이 아니다. 주님께서 실제로 명령하시는 것은 어떤 장애물에도 눈길을 돌리지 말고 급히 서둘러 가라는 것이다.

3. 음식을 나누라

본문 8절에 보면, 제자들이 그들 앞에 차려놓은 것을 먹고 마셔야 한다고 말씀하고 있다. 이 말씀으로 그리스도께서는 자기 사람들이 평범하고 초라한 음식에도 만족해야 할 뿐 아니라 타인들이 대접해 주는 것으로 생활할 것도 허락하셨다.

이 말씀의 명확한 의미는, 너희가 수고해 주는 그들이 너희에게 음식을 제공하는 것은 당연하기 때문에 여행 중에 너희가 타인의 비용으로 살아도 된다는 것이다.

어떤 사람들은 제자들이 음식을 취하는 중에 부정하다고 생각되는 어떤 것이라도 주저 없이 먹으라고 주님께서 말씀하고 계신다고 생각한다. 그러나 그리스도께서는 이 같은 것을 의미하지 아니하셨으며, 검약을 규정하시는 의도도 없으셨다. 제자들이 사명을 수행하는 동안에는 삯을 받는 대신 대접에는 응할 것을 허락하고 계실 뿐이다.

4. 거절당한 집은 어떻게 되는가?

고라신과 벳새다가 장차 주님의 심판을 받을 것이라는 예언에 놀라지 않을 수 없다. 벳새다, 그 얼마나 정다운 마을인가? 주님께서 굶주린 5천 명을 기적으로 먹여 주셨던 곳이었다. 그런데 그들이 주님의 심판을 받게 되다니, 얼마나 놀라운가? 고라신이라는 도시는 가버나움에서 3.2킬로 정도밖에 안 떨어진 도시였다. 가버나움에 가까웠기 때문에 이 동네 사람들은 자연히 주님과 가까이 지냈으며, 기적도 많이 체험하며 살았던 곳이었다. 그런데 이 도시들이 심판 날에 두로와 시돈과 같은 이방신을 섬기는 도시들보다 견디기 어려울 거라고 말씀하셨다.

그러나 우리를 더욱 놀라게 하는 것은 바로 다음 구절이다. 어찌하여 가버나움 사람들이 음부까지 낮아지리라고 하셨을까? 타락한 천사들처럼 가버나움이 하늘에서 음부로 떨어지게 될 거라는 것이다.

왜 이들이 그렇게까지 되었을까? 여기에 대한 대답은 16절에서 찾아야 한다.

> "너희 말을 듣는 자는 곧 내 말을 듣는 것이요 너희를 저버리는 자는 곧 나를 저버리는 것이요 나를 저버리는 자는 나 보내신 이를 저버리는 것이라"(눅 10:16).

가버나움 사람들이 예수님께서 이적을 베푸시는 것을 보면서 흥분해서 환호성을 지르며, 예수님께서 자기 마을 사람이란 점을 의기양양하게 자랑하였으면서도 막상 주님께서 주시는 말씀은 배척했다는 말이다.

주님의 복음을 듣지 않고 버리는 자들은 소돔과 고모라 성 사람들보다 더 악한 사람들이고, 두로와 시돈 사람들보다 더 악한 사람들이라는 것이다. 지금 가 보면 가버나움은 폐허가 되어 집 하나 남아 있지 않다. 오직 회당의 겉모양만 덩그러니 남아서 그 당시의 영화가 얼마나 컸던가를 보여주고 있을 뿐이다.

5. 전도인의 보고

주님께서는 성령의 능력, 하늘의 능력을 체험하고 돌아온 그들을 격려하면서 또 그들에게 격려와 칭찬을 아끼지 않으셨다.

"내가 너희에게 뱀과 전갈을 밟으며 원수의 모든 능력을 제어할 권세를 주었으니 너희를 해할 자가 결단코 없으리라"(눅 10:19).

그러나 전도자들이 받는 가장 큰 축복은 무엇인가?

"그러나 귀신들이 너희에게 항복하는 것으로 기뻐하지 말고 너희 이름이 하늘에 기록된 것으로 기뻐하라 하시니라"(눅 10:20).

우리가 받는 가장 큰 축복은 무엇인가? 하늘나라에 우리 이름이 기록된 것보다 더 큰 축복이 어디에 있을까.

주님께서는 우리에게 신앙의 본질을 주셨다. 우리의 신앙은 어떤 운동을 하자는 것이 아니다. 우리가 하나님의 자녀 된 것이 중요하고, 그렇기 때문에 그처럼 살려고 하는 것뿐이다.

전도는 운동이 아니다. 우리의 이름이 하늘에 기록되어 있기 때문에 전도하지 않고는 견딜 수 없어서 하는 것이다. 또한 전도는 우리에게 하나님의 큰 은총을 체험하게 해준다.

첫째는 내 자신의 믿음이 능력으로 무장되는 길이고,
둘째는 죽어 가는 영혼을 살리는 일이며,
셋째는 사회를 살리는 길이며,
넷째는 주님을 가장 기쁘시게 하는 길이다.

19세기 영국은 몹시 혼란스러웠다. 범죄 소굴이 생기고, 악의 집단이 사회 어두운 그늘에서 독버섯처럼 뻗어 나가기 시작했다. 이때 나타난 분이 존 웨슬리였는데 그는 '복음 전차, 악령 추방, 성령의 교통' 이란 세 가지 명제를 내걸고 영국 복음화 전도운동을 전개하였다.

웨슬리의 전도운동으로 영국의 방향이 바뀌었다고 역사들은 기록하고 있다. 그 결과 영국은 19세기와 20세기 초반의 찬란한 문화를 꽃피우게 되었다.

3부 양육의 방법

제1 강

새가족 양육 이론과 실제

〈성안교회 양육 시스템 소개〉

1. 새가족 양육이란 무엇인가?

새가족이 교회에 등록했을 때를 영적인 유아기라고 본다면 곧바로 바른 영적 양육이 이루어져야 그 생명을 살릴 수 있다. 그렇지 않으면 그 생명은 버려지거나 미아가 되어 영적인 고아가 되고 만다. 오늘의 교회는 이 사실을 직시해야 한다. 새가족이 교회에 정착하는 확률이 등록 신자의 30% 선을 밑돈다고 하니 교회의 양육은 거의 이루어지지 못하고 있는 실정이다.

1) 새가족 양육이 왜 안 되고 있는가?

① 한 영혼의 가치를 모르기 때문이다.

한 영혼이 교회에 들어왔을 때 그 생명을 위탁받은 교회가 왜 양육을 포기하고 영적인 고아를 만들고 마는가에 대해서는 많은 이론이 있겠지만, 필자는 우선 한 영혼에 대한 생명의 가치를 모르기 때문이라고 생각한다.

모세가 갈대 상자에 담겨 나일 강가에 띄워져 내려갈 때 바로의 공주는 그 생명의 소중함을 알았기에 그를 그냥 지나칠 수가 없었다. 생명에 대한 경외심 내지는 한 영혼에 대한 고귀함을 늘 생각해야 한다.

주께서 "사람이 만일 온 천하를 얻고도 자기를 잃든지 빼앗기든지 하면 무엇이 유익하리요"(눅 9:25)라고 말씀하셨다. 온 천하보다, 지구상에 모든 것을 더한 것보다 더 고귀한 것이 인간의 생명이다. 이 귀중한 가치를 알 때 우리는 영혼에 대한 관심이 증대될 것이다. 정말 교회가 한 생명에 대한 소중한 가치를 회복해야 한다는 말이다.

② 양육할 수 있는 일꾼이 없기 때문이다.

사실 우리 부모들의 문제가 무엇인가? 부모 훈련 없이 부모가 되었다는 데 문제가 있다. 대부분의 경우를 보면 첫 아이를 기를 때는 정신없이 닥치는 대로 길렀다가 둘째 아이는 경험을 토대로 좀 더 나은 양육 태도를 갖는다. 다시 말하면, 양육에 대한 지식을 값비싼 대가를 지불하고 얻었다는 것이다.

마찬가지로 교회에도 전도된 한 영혼을 어떻게 돌보며 양육해야 하는지를 아는 훈련된 양육자가 없다. 교회에 새가족을 돌볼 수 있고 양육할 수 있는 교사를 훈련시켜서 사역을 위임하는 평신도 훈련이 필요함을 여기서 깨닫게 된다.

③ 교역자들의 과다한 업무수행 때문이다.

한국 교회는 일단 교회가 세워지고 교회를 담임하게 되면 매일 들어오는 평신도를 양육할 수 있는 시간적, 공간적 여유가 없다는 데 문제가 있다.

④ 장년들을 위한 평생교육 계획이 없기 때문이다.

2) 새가족 특징과 양육의 중요성

① 새가족의 특징

㉠ 교회 분위기와 의식에 어색하고 낯설어한다.

㉡ 호기심과 불안감이 있다.

㉢ 교회 뒷자리와 구석 자리를 찾는다.

㉣ 예배 중에 고개를 숙이거나 두리번거리고 주보를 뒤적인다.

② 새가족의 양육의 중요성

㉠ 영적 신생아이기 때문에 양육이 필요하다(벧전 2:2).

㉡ 교회의 모든 생활에 적응이 어렵기 때문이다(골 1:28-29).

㉢ 스스로 자신을 지탱할 수 없기 때문이다.

㉣ 사탄과 시험으로부터 공격을 받기 쉽다(벧전 5:8;살전 3:5).

㉤ 교회의 질적 · 양적 성장을 가져온다.

③ 새가족 양육의 문제점

㉠ 양육을 받기 싫을 때 여러 가지 이유로 만나기를 기피한다.

㉡ 구원받은 사실에 대하여 자주 흔들린다.

㉢ 죄의식과 죄책을 처리할 줄 모른다.

㉣ 많은 사람들 앞에서 그리스도인임을 시인하는 일을 부끄러워한다.

㉤ 불신 가족이나 친구들의 완고한 저항에 약하다.

④ 새가족 양육자의 자격과 자세

㉠ 구원의 확신이 있는 자, 성령으로 충만한 자

㉡ 맡은 일에 열심이 있는 자(롬 12:11;잠 27:23)

㉢ 영혼을 사랑하는 마음이 있는 자

㉣ 목자의 심정을 가진 자(눅 15:3-7)

㉤ 농부와 같은 인내를 가진 자(약 5:7)

㉥ 젖을 먹이는 유모의 마음을 가진 자(히 5:13-14)

⑤ 일대일 양육 시 주의사항

㉠ 항상 밝고 긍정적인 태도를 가지라.

㉡ 교회에 대한 부정적인 이야기는 하지 않는다.

㉢ 덕스럽지 못한 이야기는 삼간다.

㉣ 새신자에게 누를 끼치는 일이 없도록 한다.

㉤ 나의 제자를 만드는 것이 아니라 그리스도의 제자를 만

들고 있음을 항상 주의하라.

ⓑ 약속은 반드시 지키고 부득이한 경우에는 미리 양해를 얻는다.

ⓢ 남자는 남자, 여자는 여자가 양육한다.

ⓞ 전도한 구역의 구역장이 양육하는 것을 원칙으로 한다.

제2강

새가족 정착

1. 새가족 정착에 대한 잘못된 오해

1) 새가족은 시간이 지나면 저절로 정착한다.

① 기존의 신자와 반드시 연결고리를 만들어 주라. 친구가 생기면 쉽게 정착한다.

② 교회 안에 텃세가 없어야 한다.

③ 대화가 될 만한 사람을 빨리 붙여 준다.

2) 새가족 정착의 책임은 담임목사에게 있다.

① 교회 안에서 사귐이 없다거나 성도 간의 문제로 인해 정착하

지 못하는 경우가 많다.

3) 새가족이 정착하지 못하는 이유는 기신자들에게 있다.

① 어린아이가 잘못하면 어른의 책임이다.

② 교회 시스템에 빨리 적응하라고 요구하지 말고 잘 안내해 주라.

③ 소외감을 느끼지 않도록 기신자들은 새가족을 항상 염두해 두어야 한다.

4) 새가족은 주일 예배만 참석하면 된다?

새가족은 전도한 사람의 신앙을 따라간다는 말이 있다. 처음부터 모든 공예배에 참여하는 것을 강조하며 안내해 주어야 한다.

2. 새가족의 필요를 채우라

① 새가족을 혼자 두지 말라. 절대 혼자 두지 말고 섬김이가 있어야 한다.

② 교회 곳곳을 친절히 안내하라. 불편함이 없도록 안내하며, 새가족은 VIP처럼 식당으로 안내하고 좋은 자리에 앉도록 해야 한다.

③ 사람들을 소개하라. 한 주에 세 명씩 소개한다. 담임목사님과 사모님, 교역자, 장로님, 같은 직종, 집 근처, 같은 구역, 학교 동문, 아이와 같은 학교 학부형 등을 소개한다. 전도의 문은 새가족이다. 새가족들은 10명의 전도 대상자가 있다.

④ 개인적인 시간을 가짐으로 관계를 형성하라. 식사를 하라. 자기 자랑을 하지 말자.

⑤ 열린 모임, 구역 모임에 초청하여 관계가 확장되도록 도우라. 열린 모임은 누구나 쉽게 접촉할 수 있고 편하게 함께할 수 있다는 장점이 있다.

⑥ 기도 후원자가 되라.

⑦ 나의 편의보다 새가족의 필요에 따라 섬기라. 새가족의 시간에 맞추고 하고자 하는 것을 따라 준다.

⑧ 아버지의 마음으로 끝까지 섬기라. 아버지의 마음으로 기다리고 끝까지 돌봐 주어야 한다.

3. 관심과 사랑이 정착의 열쇠이다

최고 리더십은 개인적 관심과 사랑이다. 관심과 사랑이 열쇠이다.

① 친필 편지로 만남을 감사하라. 그 주간에 꼭 보내야 한다. 반드시 친필로 보낸다.

② 기도 제목을 묻고 기도해 주라. 의도적으로 묻고 그분의 관심사를 잘 파악할 수 있다.

③ 새가족 섬김이가 먼저 마음을 열고 대화하라(피상적 대화 금지). 그냥 "오늘 날씨가 좋군요"라는 형식적 대화보다는 마음을 열고, 깊은 대화를 하는 것이다.

④ 식사에 초청해서 함께 식사하라. 자기 집도 좋으나 부담스러워할 수도 있다.

⑤ 가능하다면 새가족의 가족과도 관계를 맺으라. 가족에 대한 내용을 알고 말을 하면 쉽게 다가갈 수 있다.

⑥ 경조사 등을 기억하여 축하하거나 위로하라. 집이 몇 평이냐 묻지 말라. 사진보다 예쁘다고 하라. 환자를 체크하라.

⑦ 무관심은 죄악이다. 정착하지 못하는 원인이 된다.

⑧ 아가페 사랑의 기름 부음을 위해 기도하라. 섬김이는 아가페의 사랑을 갖는 것이 매우 중요하다.

4. 새가족 정착의 8단계

1) 새가족 등록과 환영

① 등록서를 작성한 새가족은 새가족실로 인도한다.

- 새가족 안내위원들은 미리 결신자들의 곁에 있다가 곧바로 친절하게 인사하면서 새가족실로 안내한다.

② 새가족실에서 교회를 소개한다.

- 새가족실에 대기하고 있는 안내자들은 공손히 인사하며 자리를 안내한다. 교회 소개와 예배 시간 등 기본적인 사항에 대해 안내하고, 담임목사님을 소개하고 축복기도 한다.

2) 사진 촬영

① 자연스럽게 촬영한다. 사진을 촬영할 때 인도자와 함께 촬영하되 새가족이 자연스럽게 웃으면서 촬영하도록 한다.

② 사진 현상은 3장으로 한다. 1장은 새가족 앨범에 붙이고, 1장

은 교회 새가족 소개판에 붙이고, 1장은 작은 액자에 넣어(뒷면에 성구 혹은 담임목사 사인) 심방 혹은 새가족 교육 때 전달해 준다.

3) 등록카드 교구 전달과 심방을 진행한다.

① 결신카드에 의해서 심방하되 일주일 안에 심방을 한다. 새가족 심방은 반드시 전화 약속 후 심방한다. 심방 일시는 되도록 새가족의 일시에 맞춘다.

② 미심방자는 새가족실에서 전화 접촉 후 진행한다. 원활한 새가족 심방을 위해 일주일 안에 심방하지 못한 새가족은 효과적인 새가족 관리를 위해 미심방 사유를 기록하여 새가족실로 보내고, 새가족실에서 접촉하여(전화 심방) 심방할 수 있도록 한다. 심방 확인된 카드는 교구에서 바로 심방하도록 한다.

4) 새가족부에서 전화로 문안 인사를 한다.

새가족부에서 전화로 문안인사하여 관심을 표명하여 준다. 전화 심방 과정에서 신앙을 격려하여 주며, 신앙에 도움이 되는 교육 안내서와 새가족의 문제 해결에 대한 도움을 상담하여 준다. 심방후 일주일 내에 진행하는 것이 좋다(심방 반응과 결과 파악).

5) 담임목사의 축하 메시지를 발송한다.

새가족에게 환영과 감사의 편지를 담임목사의 이름으로 보낸다. 내용은 본 교회 새가족 된 것에 대한 환영과 문안이다. 되돌아온 편지는 전화 후 확인하여 재발송한다. 발송이 어려운 편지는 인도자를 통해 직접 전해 준다.

6) 새가족은 모두 새가족 교육을 받도록 한다.

교회에서 실시하는 새가족 공부에 참석하도록 한다. 새가족 공부는 3주간 실시한다(새가족 교재 참조). 주일 예배 후에 실시하는 것이 제일 무난하다. 강의 시간은 20분 안으로 한다(시청각 교육, 대화식으로 운영).

7) 담임목사님과의 만남의 시간을 갖는다.

담임목사님과의 만남을 통해 짧은 시간에 좋은 관계를 형성할 수 있다. 개인의 특징을 잘 파악할 수 있고, 빨리 인지하여 편하게 다가갈 수 있는 장점이 있다.

8) 새가족 환영회

한 달에 한 번씩 음식을 준비하고 예쁜 장식도 해서 특별한 이벤트를 준비하여 환영회를 가진다. 이 환영회에는 새가족을 전도한 인도자와 새가족이 함께 참석하여 식사와 다과를 나누며 간증을 나눈다. 담임목사는 전도자들의 노고를 치하하고, 교회에 정착한 새가족을 다시 한 번 환영하여 교회의 구성원으로서 더욱 소속감을 갖게 한다. 새가족은 자기 소개도 하며 짧은 소감에 대해 나눌 때 긍정적이고 애정 있는 말을 하게 마련이다. 그러한 새가족은 대부분 정착한다.

제3 강

새가족 섬김이 사역을 통한 정착

1. 새가족 섬김이 사역이란?

1) 교회를 세우는 영광스러운 사역자 새가족 섬김이(엡 4:11-16)

① 새가족 정착 사역이다.

② 중보 사역이다(사울을 소개한 바나바의 중보사역).

③ 새가족 섬김이 학교는 새가족을 교육하고 훈련하는 데 목적을 두지 않고, 새로 들어온 사람이 섬김이를 만남으로 짧은 시간 안에 교회에 정착하는 데 있다.

④ 새가족 섬김이는 가르치는 자가 아니라 안내하는 자다.

⑤ 평신도 중심의 사역이다(교구장과 구역장이 한다).

2. 새가족 섬김이 사역은 성장의 기회이다

① 나보다 영적으로 어린 자를 돕는 일이다.
② 섬김으로 영적 성장이 일어난다. 좋은 책보다 좋은 만남이 더 큰 영향을 끼친다.
③ 새가족 섬김이는 새가족이 가족이 되도록 돕는 아주 중요한 자이다. 교회의 얼굴이다.
④ 새가족 섬김이는 한 발 앞서 가는 안내자이다. 섬김으로 자기도 성장하게 된다.

3. 새가족 섬김이 사역의 특징

1) 새가족과의 일대일 사역이다.

새가족 섬김이 사역은 새가족을 3주 동안 섬기는 사역이다. 동시에 여러 명의 새가족을 섬기는 것은 바람직하지 못하므로 새가족 섬김이 사역은 3주 동안 오직 한 사람의 새가족에게만 사랑과 관심을 쏟는다. 이후에는 이슬비편지로 섬긴다.

2) 짧은 시일 안에 교회에 정착시키는 사역이다.

새가족과 가장 공통점을 많이 가진 새가족 섬김이와 짝지어 줌으로 짧은 시일 안에 교회에 정착시키는 사역이다. 자기에게 맡겨진 새가족의 세례를 반드시 확인하여 확신반, 성장반으로 안내하도록 한다.

3) 기존 교인과 교제하도록 돕는 사역이다.

새가족이 교회 안에서 기존 교인 6명 정도를 사귀면 정착에 성공한다. 그러므로 새가족 섬김이 사역은 새가족 행복안내서를 마친 후 매주일 3명씩 소개해 주어 새가족의 교제의 폭을 넓혀 주는 사역을 담당한다.

4) 신앙생활 전반에 대해 안내하는 사역이다.

새가족은 신앙생활이나 교회생활에 서툴게 마련이다. 그러므로 새가족 섬김이는 처음 신앙생활을 하는 사람들에게는 신앙에 대한 전반적인 안내를, 기존 교인들에게는 교회 시설물을 안내하여 신앙생활에 지장이 없도록 도와주는 사역이다(주보, 예배 안내, 교회시설, 행사 등).

5) 새가족과 친밀감을 느끼게 하는 사역이다.

새가족 섬김이는 새가족 안내서를 나눈 후 교회에서 함께 식사하며 교제할 뿐 아니라 주중에 구역장을 비롯한 구역 가족들과 3주간에 걸쳐 세 번 식사를 통한 만남으로, 친밀감을 느끼게 하는 사역이다.

6) 셀그룹(구역) 번식으로 이어지게 하는 사역이다.

새가족 정착은 사랑과 관심에 달렸다. 새가족에 대한 사랑과 관심이 또 다른 새가족을 데려오게 만들어 주변을 번식하게 만든다. 그러므로 새가족 섬김이 사역은 대단히 중요하다.

4. 새가족 섬김이의 성경적 모델인 바나바

① 위로의 사람(행 4:36)

② 착한 사람(행 11:24)

③ 중보자(행 9:27)

④ 긍정적인 사람(행 9:26-27)

⑤ 행동하는 사람(행 9:27)

⑥ 인정받는 사람(행 4:36)

⑦ 동역하는 사람(행 11:25-26)

5. 새가족 정착을 위한 지침

1) 새가족이 교회를 떠나는 이유

① 새가족에 대한 봉사의 자세 부족

② 친절과 겸손과 인사성 부족

③ 양육에 대한 준비 부족

④ 일반 교인의 본이 되지 못한 생활

⑤ 예배 분위기 산만

⑥ 가족들의 핍박

⑦ 교인들의 시기와 질투

⑧ 소속감 결여

2) 새가족 정착을 위한 지침

① 소속감을 갖도록 하기 위해 친한 친구들을 7명 이상 사귈 수 있도록 도와주라

② 새가족이 필요한 것이 무엇인가를 알아서 필요를 채워주는 교회가 되도록 하라.

③ 새가족이 필요로 하는 교회가 되기 위해 은사를 발견하고 봉사할 수 있도록 하라.

④ 교회 출석을 잘할 수 있도록 관심을 가지도록 하라.

3) 새가족을 위한 그물 점검

① 목회자의 그물

② 전도자의 그물

③ 구역원의 그물

④ 성경공부의 그물

⑤ 예배의 그물

⑥ 각 기관의 그물

부록1

부흥하는 교회의 7가지 조건

1. 서론

부흥은 내적 부흥과 외적 부흥이 있다. 다시 말하면 질적 부흥과 양적 부흥이다. 세상의 성공지향적인 가치관을 무비판적으로 수용하여 오로지 양적, 외적 부흥만을 추구하는 교회 성장은 지양되어야 할 것이다. 그러나 마찬가지로 양적 부흥 없이 질적 부흥만을 추구하는 것은 공허하며 무의미하다. 따라서 건강한 교회의 부흥은 양적 부흥과 함께 질적 부흥이 함께 오며 어느 한 부분만을 강조하면서 다른 한편을 소홀히 한다면 그러한 부흥은 결코 성공할 수 없으며 오래 지속될 수도 없다. 따라서 세부 설명의 서술 중에 언급하는 부흥은 비단 양적 부흥뿐만 아니라 질적 부흥도 포함한다는 것이다.

하나님께서는 모든 교회의 질적 부흥을 바라신다는 점은 일단 분명해 보이며, 질적 부흥이 있는 교회에서는 어느 정도 양적 부흥이 동반될 수 있다는 것이다.

하나님께서 특별한 계획 가운데 양적 부흥을 제한해 두시는 교회가 아니라면, 비록 수천 명, 수만 명의 외적 부흥이 아니더라도 일정 수준 이상의 양적 부흥은 충실한 질적 부흥 가운데 이뤄낼 수 있다고 생각한다.

마지막으로 아래의 연구는 교회건강연구원 이효상 목사의 '목회 본질' 을 일정 부분 참조하였음을 밝힌다. (미래목회포럼, '2009년 기획 목회, 사역설명회') 그리고 대전신대 김명찬 교수의 '21세기 교회 부흥의 7대 패러다임' 도 일부분 참조하였다. (대한예수교장로회 통합 총회 국내선교부, '2009 신년 목회계획 준비를 위한 수도권 세미나')

2. 세부 설명

1) 목회자

부흥하는 교회는 기본적으로 목회자의 자질과 리더십이 뛰어난 교회이다. 특히 담임목사는 교회의 최고위 리더로서 해당 교회의 모든 분야에서 양적, 질적 수준을 결정하게 된다. 담임목사의 성향이나 적성이 교회 전체의 자질 및 분위기 등을 좌우하게 된다. 따라서 교회는 담임목사가 행복한 만큼 행복하며, 담임목사가 아는 만큼 알고, 담임목사가 느끼는 만큼 느끼며, 담임목사가 행하는 만큼 행한다.

2) 예배

부흥하는 교회는 다양하고 감동적인 예배와 설교가 있는 교회이다. 예배는 여러 부문으로 구성된다. 특히 설교 말씀, 찬양, 기도와 영성 세 부문이 예배에서 중요하다. 따라서 설교자 및 간증자의 말씀 공유와 아름답고 깊이 있는 찬양, 그리고 하나님께서 받으시는 기도가 풍성할 때에 영성 있는 예배, 성령 충만한 예배가 된다.

3) 양육

교회의 양육은 크게 다섯 가지 분야로 나뉜다.

첫째는 교회학교와 같은 차세대 양육이다. 다음 세대를 세워가는 교육 체계가 있는 교회는 부흥한다.

둘째는 구역예배나 셀 모임 등의 소그룹 모임이다. 다양하게 열린 소그룹이 중심이 되는 교회는 성장한다.

셋째는 제자교육, 일대일교육, 성경통독학교 등과 같은 다양한 형태의 성경공부 모임이다. 이는 구역 모임 등의 정기적이고 일반적인 소그룹 모임과 달리 프로그램에 의한 양육이라 할 수 있다.

넷째는 품성학교, 아버지학교, 선교대학, 예배학교, 사랑의 동산, 내적치유 등과 같이 교인들의 내적 성장 및 질적 향상을 위한 프로그램을 진행하는 교회이다. 이러한 교회는 가정과 사회에 치유와 회복의 역사를 이뤄내는 교회가 될 수 있다.

마지막으로 다섯째는 평신도를 사역자로 키워내는 교회 내 리더십 교육이다. 평신도를 동역화하는 것은 중요한데, 이는 다음에서 이야기하는 행정, 팀 사역, 조직 등의 문제와도 연결된다. 교회의 리더십 계급은 교회의 사역을 맡으면서, 일 외에도 신앙적인 도전을 많이 받게 되므로 질적 성장을 가속화할 수 있는 계기를 마련할 수 있다.

4) 행정

교회의 조직은 크게 두 분야로 나뉜다. 첫째는 사역 조직이고, 둘째는 양육 조직이다. 일반적으로 사역 조직은 팀 사역과 같은 형태로 구성되며, 양육 조직은 구역이나 셀 등과 같은 형태로 나타난다.

사역 조직의 경우, 교회 규모에 맞추어 너무 비대하지도 너무 연약하지도 않은 사역 전문 조직을 구성해내야 한다. 이는 마치 사도행전에서 사도들이 말씀과 기도에 전무하기 위해 일곱 집사를 세운 것과 마찬가지로, 말씀과 기도 등 목회자의 주요 임무 외 그 밖의 업무에 평신도들이 적극 참여할 수 있도록 효율적인 조직을 구성하는 것은 교회 경영의 측면에서 필수적이다. 일부 교회는 교회의 특성에 적합한 훈련을 통해 특정 사역의 전문화를 추구할 수도 있으며, 이러한 경우에는 사역 전문성의 개발 및 전문 사역자의 영입 여부도 중요할 것이다.

양육 조직의 경우, 일반 사역 조직과 분리하여야 한다. 그리고 양육 조직에는 다른 사람들을 잘 돌보고 관리할 줄 아는 리더들을 세우는 것이 필수적이다. 이때 중요한 것은 돌보는 일 외에 사역적인 일들은 사역 조직에서 도맡아 함으로써 서로의 업무 경계를 분명히 하고, 각자가 가진 달란트와 은사를 십분 활용할 수 있도록 하는 것이다. 그리고 장기적인 측면에서 소그룹 및 구역 훈련 등을 통해 조직을 체계적으로 운영하였을 때에 교회 전체적으로 응집력이 생길 수 있으므로, 개개인의 신앙 성장 외에 친교, 화합, 단결 등의 부수적인 효과도 발생한다.

5) 이웃 사랑

부흥하는 교회는 대내적으로 교인들 간에 서로 사랑하며, 대외적으로 문화와 봉사 등을 통해 지역의 필요를 채우며 섬기는 교회이다.

먼저 교회의 대내적인 이웃 사랑은 교인들 간에 교제하는 것이다. 물론 앞서 다루었던 예배, 양육, 행정 등의 부분도 일정 부분 교인들 간의 관계를 포함한다. 이에 더하여, 교회 내에서 친교 및 교제하는 시간이 있다면 더욱 좋을 것이다. 보통 이러한 시간은 체육행사, 야유회, 단합회, 수련회 등의 형태로 이루어진다.

다음으로 교회의 대외적인 이웃 사랑의 형태는 성질에 따라 전도와 선교의 두 가지로 나누어서 생각해볼 수 있다.

첫 번째로 전도의 경우, 효율적이고 내실 있는 전도 축제를 열거나, 다양한 전도 프로그램과 훈련을 통해 지속적이고도 체계적인 전도를 실시함으로써 교회 성장을 이룰 수 있다.

두 번째로는 지역과 함께 하는 선교 지향적 교회는 부흥한다. 전도가 직접적인 수단이라면 선교는 좀더 간접적이고 광범위한 수단이라고 할 수 있는데, 이는 지역 사회와 주민들의 필요를 채워주는 교회를 말한다. 선교의 방식과 형태는 매우 광범위하며 때로는 전도와 중첩적으로 이루어지므로 구분이 명확하지 않을 수도 있다.

그리고 많은 부분에서 구제 및 봉사 활동과 중복되어 나타난다.

선교 활동의 몇 가지를 예시하면, 문화예술선교(음악회, 전시회 등), 교육선교(어린이집, 문화센터, 도서관 등 운영), 복지선교(장애인시설, 노인복지 등), 장소 제공(결혼식장, 체육시설, 커피숍 등) 등의 활동이 이루어지고 있다.

6) 환경 조건(교회의 규모, 건물 크기 및 상태, 위치, 역사)

교회의 규모가 너무 큰 경우에는 전체적인 관리 및 유지가 어려울 수 있고, 반대로 규모가 너무 작은 경우에는 발전 동력이 부실할 수 있다. 따라서 최소 100명 이상 최대 10,000명 이하의 교회가 일반적으로 무난하며, 이 규모 내에서는 크면 클수록 규모의 경제 원리가 적용될 수 있다.

교회의 건물 크기 및 상태도 마찬가지인데, 교인 숫자는 많지 않은데 모인 사람에 비하여 건물만 너무 크고 화려한 경우에는 허전하고 내실 없는 느낌이 들 수 있으므로 역효과가 있을 수 있고, 건물이 너무 작고 초라한 경우에는 새로 유입되는 교인들의 선호도가 떨어질 수 있다.

교회의 위치는 교통의 접근 편리성이 가장 중요하다. 버스 및 지하철의 접근도가 높으면 좋고, 자가용 도로는 넓고 신속하면 좋다. 또한 교회의 위치가 대로변에 잘 노출되는 경우 자연스럽게 광고 및 홍보의 효과를 볼 수 있으므로 일석이조일 것이다.

교회의 역사가 길고 훌륭한 경우 새로운 성도들의 신뢰성이 높고, 교회에 대한 좋은 소문이 있거나 명성이 높은 경우 그 인지도에 따라 브랜드와 같은 효과를 누릴 수 있다.

7) 하나님의 은혜

무엇보다 지속적이고 장기적으로 부흥하는 교회는 주요하게 하나님의 은혜로써 이루어진다. 하나님께서 긍휼히 여겨주시며 부흥의 역사를 허락하시며 풍성한 은혜를 부어 주실 때 교회 부흥은 가능하다.

가장 먼저는 교인 한 명 한 명이, 그리고 교회 전체가 하나님의 뜻에 순종하는 삶을 사는 것이 중요하다. 하나님께서는 존엄과 권위로써 통치하시는 분이시며, 하나님께서 주권을 갖고 통치하시는 교회는 하나님의 나라가 된다.

또한 담임목회자 이하 교회의 중역 및 리더십들이 질서 있게 교회를 이끌어 권위의 모범을 보여야 한다. 교회의 리더들이 하나님의 비전을 바르게 제시하고, 그에 따라 강력한 사명과 비전이 이끄는 교회는 하나님께서 복 주신다.

마지막으로 하나님의 뜻에 합당한 설교자 및 사역자들이 자신의 한계를 극복하기 위하여 최선을 다하며 눈물로 기도할 때, 하나님께서는 부흥의 은혜를 그 교회에 부어주신다고 나는 믿는다.

부록2

승리하는 목회자의 7가지 조건

1. 서론

현대 목회자는 매우 다양한 능력을 요구받는다. 모든 사람이 완벽할 수는 없겠지만, 그리스도를 본받는 자로서 매순간의 노력을 멈추지는 말아야 할 것이다.

이러한 문제의식 아래 목회자로서 갖추어야 할 자질들에 대하여 고민하게 되었다. 두란노에서 나온 《삼색기도》라는 책에서 힌트를 얻어, 기본적으로는 '①영성 ②지성 ③감성' 의 세 부분을 선택했다. 이 세 가지는 목회자가 하나님의 성직자로서 갖추어야 할 핵심적인 자질을 설명하고 있다. 그러나 목회자는 단순히 자신만을 구원하는 수도자의 삶과는 다르므로, 교회의 책임자로서 '④품성 ⑤ 도덕성' 의 두 가지 조건을 추가시켰다. 이에 '⑥열정 ⑦리더십' 을 더하여 일곱 가지를 완성시켰는데, 7은 하나님의 숫자이며 완전한 숫자이다. 특별히 열정과 리더십을 추가시킨 이유는 현대적 교회의 현실을 반영하면서 특히 개척, 선교, 부흥을 위한 미래 가치를 위해 강조하게 되었다.

2. 세부 설명

1) 영성

영성은 하나님의 임재하심 가운데 하나님과 소통할 수 있는 능력을 의미한다. 영성은 생활 영성, 예배 영성, 기도 영성, 찬양 영성, 말씀 영성, 믿음 영성, 사랑 영성, 비전 영성, 성령 영성 등의 다양한 표현이 가능하며 어느 분야에 적용시키느냐에 따라 그 의미가 천차만별이다. 그러나 너무 폭넓게 정의 내리면 논의되는 의미가 모호해지므로, 여기에서의 영성은 분명하고 정확한 의미로 이해하고자 한다.

기본적으로 영성이라 함은 마치 자녀가 부모와 친밀하게 대화하듯이 성령님과 교제하는 능력을 의미한다. 따라서 영성은 하나님의 음성을 듣거나 표징을 보며, 그 밖에 신령한 은사들을 나타내고, 궁극적으로는 하나님의 올바른 뜻을 깨달아 아는 능력을 의미한다.

* 아래에서 논의하는 모든 7가지 자질들은 서로 연관성이 있으며 궁극적으로 최대치에 이르러 완벽해지면 동일한 형태를 나타낼 수 있다. 그러나 기본적으로는 어떤 자질을 다른 자질과 차별화하는 특징에 대하여 주로 다루게 된다. 특히 영성은 최상위에 도달하게 되면 아래의 모든 소양을 자연스럽게 갖출 것으로 기대된다. 그러나 그러한 경지는 아래의 논의를 무색하게 하므로, 단지 영성만이 높을 경우를 상정하여 논의를 계속한다.

* 영성의 정의는 본래 모호할 수 있다고 생각한다. 특히 품성과의 개념 구분이 어려울 수 있으므로 다음과 같은 경우를 살펴보자. 영성이 높아서 하나님의 귀한 은사를 받았으면서 못된 성품으로 인하여, 받은 은사를 적절하지 않게 사용할 수 있다. 그 사람은 교만하거나 무질서할 수도 있으며, 돈이나 이성 등의 탐욕을 가질 수도 있으므로 품성 및 도덕성과 무관할 수 있는 것이다. 물론 건강한 영성으로 충만하게 성숙한 사람은 그렇지 않겠지만, 영성만을 갖추면서 다른 자질을 갖추지 못한 사람은 사탄의 도구로 전락되고 말 것이다.

* 영성이 있는 목회자는 성령의 은사를 나타낸다. 기본적으로 고린도전서 12장의 9가지 성령의 은사, 즉 지혜의 말씀, 지식의 말씀, 믿음, 병 고치는 은사, 능력 행함, 예언, 영들 분별, 방언, 방언 통역 중에 몇 가지를 필요에 따라 주시는 성령님의 도우심으로 실제적으로 발휘한다. 그리고 설교 및 일상생활에서 성도들에게 하나님의 뜻을 정확하게 전달하며, 예배 가운데 제단에 불이 내리듯

하나님의 임재하심을 실현해낼 수 있다. 영성이 있는 목회자는 하나님께서 살아 계심을 증거해 내며, 영적 체험이 있는 교회를 만들어 낸다.

* 영성이 없는 목회자는 좋은 관리자 또는 CEO로서 교회의 양적인 부흥만을 이끈다. 이런 교회는 교회의 크기에 비하여 열매가 적고, 교인들의 영적 수준이 떨어진다. 목회자가 하나님의 신령함을 소유하지 못하므로, 교회가 사교적인 모임의 수준을 크게 넘지 못하며 예배에 뜨거움이 없다. 이러한 교회는 장기적으로 하나님의 존재에 대해 회의감을 갖는 성도들을 낳을 뿐이다.

2) 지성

여기에서의 지성은 세상적인 지식을 의미하지 않는다. 목회자에게 지성은 전적으로 성경적인 지혜와 지식을 의미한다. 상식과 세상에 대한 지식을 갖는다 할지라도 반드시 성경 중심적이어야 하며, 우선순위가 혼동되어서는 절대로 안 된다. 따라서 성경적인 지혜와 지식이 부족하면서 세상적인 지식, 즉 문화, 경제, 정치, 사회, 역사, 문학, 법, 도덕, 외국어, 학식, 교육 등에 대한 정보들을 누리고 있는 것은 목회자가 갖추어야 될 바람직한 지성이 아닌 '거짓된 지성' 이다. '거짓된 지성' 은 처음에는 사람들에게 그럴듯하고 멋진 지성과 같이 비추어지지만 장기적으로는 그 실체가 드러날 수밖에 없다.

따라서 훌륭한 지성은 온전히 성경에만 깊은 뿌리를 내려야 한다. 그리고 나서 그 밖의 일반 지식이 더해지는 것은 금상첨화일 것이다. 그렇지 않는다면, 일반 지식들은 '돼지 목에 진주 목걸이' 에 불과하다.

* 바른 지성을 소유한 목회자는 성경의 양식으로 성도들을 바르게 먹이므로, 성도들은 매년이 다르게 성숙해져 간다. 이러한 목회자의 성도들은 성경을 통하여 하나님에 대한 바른 이해를 갖게 되며, 말씀에 뿌리를 내려가며 참된 그리스도인으로 세워져 간다. 따라서 부족한 성경 지식으로 인하여 인생을 그릇되게 이끌거나 이단에 유혹되는 사례가 없으므로 교회가 전체적으로 건강해진다. 이러한 교회는 성도들의 수준이 높아져서 교인들이 사용하는 성경 용어의 수준이 다르며, 성경공부 등의 교회 프로그램에서도 이해하고 흡수하는 수준이 높다. 따라서 어떤 프로그램이나 세미나 등을 교회에 적용했을 때 좋은 효과를 쉽게 얻을 수 있고, 교회는 말씀에 근거하여 튼튼하게 세워져 간다.

* 거짓된 지성을 소유하고 있거나, 성경적인 바른 지성이 부족한 목회자는 교회를 말씀 가운데 든든히 세워나갈 수 없으므로 교회는 서로 분쟁하거나 시험에 넘어지기 쉽고, 목회자 역시 비슷한 결과를 보인다. 교인들은 성경에 대한 깊은 이해가 없으므로, 각자의 삶에서 역사하시는 하나님의 뜻을 깨닫지 못하고 자신의 뜻대로만 인생을 살게 된다. 이러한 교회는 공허하고 어리석고 교만하며, 그들의 무지함으로 인하여 교회가 좌우로 심하게 쏠리며 균형 감각을 잃게 된다.

3) 감성

감성은 풍부한 감정을 가지고, 다른 사람의 마음과 생각과 느낌을 바르게 인지하면서 동정해줄 수 있는 능력이다. 뛰어난 감성은 때로는 많은 눈물로, 때로는 많은 기쁨의 웃음으로 성도들과 소통할 수 있는 능력을 말한다. 감성이 뛰어난 목회자는 주변에 친구와 같은 성도들이 많이 있으며, 다른 사람들과 매우 쉽게 어울린다. 보통은 감성이 뛰어난 목회자는 예술성이 있으며 뛰어난 패션 감각이나 언어 감각, 음악 실력, 문학 실력 등을 나타낸다.

* 감성이 우수한 목회자는 교인들의 마음을 잘 이해하므로, 성도들에게서 "우리 목사님은 누구보다 내 마음을 잘 알아준다"는 칭송을 받게 된다. 보통은 감성이 우수하면 센스가 뛰어난 목회자로 통하며, 많은 사람들에게서 좋은 인기와 관심을 받게 된다. 성도들이 먼저 목회자와 친밀해지고 싶은 열망을 갖게 하며, 성도들이 목회자와 개인적인 만남을 가졌을 때, 자신들이 좋은 대우를 받으며 사랑받고 있다는 느낌을 가지게 된다. 따라서 교회 내에 친교나 교제가 활발해지고, 성도들도 서로 벽을 두지 않고 거리감 없이 어울릴 수 있는 문화가 형성된다.

* 반대로 목회자의 감성이 떨어지면 교회 내에 온기가 없고 매우 딱딱해진다. 성도들은 목회자에게 직접적으로 할 수 있는 이야기도 꺼내지 않으려고 하며, 쉽게 이해받지 못할 것이라고 생각한다. 그리고 감성이 뛰어난 사람에 대하여는, 전 교회적으로 감정적인 것으로 저급하게 여겨버리는 잘못된 풍토가 형성된다. 이런

풍토 아래, 성도들은 자신들의 감정을 노출했을 때 진심으로 같이 웃어주거나 같이 울어주는 사람이 없으므로 스스로 감정을 절제한다. 이런 교회는 자칫 부정적인 의미로 지식적이고 이성적인 교회가 되기 쉽다. 또한 이러한 교회는 세련되지 못하며 구식이므로 교인들도 점점 노령화된다.

그리고 목회자가 교인들과 그렇지 못한 것처럼, 교인들끼리도 격식만을 갖추면서 서로 마음을 터놓고 친밀해지는 것을 하지 못한다. 목회자는 성도들과 마음을 소통하지 못하므로 외롭고, 어려움이나 고민이 있을 때 믿고 상의할 만한 사람을 찾지 못한다고 느낀다.

4) 품성

품성은 온유하고 자비하며 이해심 있고 너그러움 등의 좋은 성품들을 가진 것을 의미한다. 즉, 분쟁하거나 성내지 않고 많은 사람을 포용할 수 있는 능력을 말한다. 좋은 품성은 따뜻한 마음과 같으며, 이런 사람은 사랑의 눈빛과 온화한 미소를 갖추고 있다.

* 품성이 좋은 목회자는 주변의 성도들이 편안하게 느끼므로 안정감이 있다. 품성이 좋음으로 인해서 성도들이 목회자를 존경할 수 있으며, 또한 친근하게 따르게 된다. 품성이 좋은 목회자는 모든 성도들과 원만한 관계를 유지하며 큰 적을 만들지 않는다.

* 반대로 목회자의 성품이 좋지 못하면, 교인들이 목회자에게 상처

를 받으며 목회자 때문에 시험에 빠지고 교회를 떠나는 현상이 벌어진다. 목회자와의 관계가 틀어지면, 목사가 하는 모든 말이 삐뚤어지게 들리므로 설교 말씀도 거부하게 되어 결국 예배에도 실패하게 된다.

그리고 성품이 좋지 못한 목사는 교만하여 지나치게 자기중심적이거나, 또는 매우 급한 성격으로 화를 잘 내고, 남에게 상처 주는 말들을 던진다. 이러한 교회는 성도들이 목회자와 장기적으로 깊이 있게 친밀한 관계를 유지할 수 없다. 따라서 교인들이 교회에 오래 정착하지 못하고 떠나게 되므로, 교회에는 특정 부류의 소수만이 남게 된다.

5) 도덕성

도덕성은 이 사회의 리더들에게 '노블레스 오블리주 (noblesse oblige)' 와 같이 요구되는 필수불가결한 덕목이다. 도덕성은 문제가 될 경우, 특히 목회자에게 치명적일 수 있다. 여타의 모든 사회 지도층이나 리더들보다도 더 높은 수준의 도덕성을 요구받기 때문이다. 도덕적인 문제는 정직성, 폭력성, 중독성, 돈, 이성 문제, 명예욕, 권력욕 등을 포함한다. 이는 목회자가 성직자로서 특히 멀리해야 할 많은 부분들이다.

* 도덕성은 법적인 문제보다 상위 개념인 도덕적인 문제까지 포함한다. 물론 법적인 문제에 저촉될 여지가 있는 경우 문제는 더욱 심각해진다.

* 도덕성과 품성의 개념을 혼동할 수도 있다. 그러나 도덕성은 품성과는 별개의 문제로서, 사람들 중에는 품성은 매우 좋아서 착한 사람이지만 도덕성에 결함이 있어서 실수를 저지르는 사람도 있게 마련이다. 반대로 도덕성은 완벽한 수준이지만, 성품이 온전하지 못해서 주변 사람들을 괴롭게 하는 사람도 있다. 예를 들어, 지나치게 완벽한 도덕성으로 인하여 다른 사람들을 힘들게 하는 못된 품성도 있을 수 있다.

* 도덕성이 높은 목회자는 교회 내에서 진짜 목사로 통하며, 교계에서도 칭송이 있게 마련이다. 이런 목회자는 모두에게서 흠을 잡히지 않으므로 안정적인 교회 운영이 가능하고, 사회적으로도 인정받는다. 그러한 교회는 언제나 안정감이 있으며, 목사님에 대해 의심하는 사람이 없다.

* 반대로 목회자가 도덕성이 없으면 이는 매우 치명적이다. 아무리 큰 교회의 목회자이고, 스타 목사로서 전국적인 인지도와 인기를 끌고 있다고 하더라도 목회자는 성직이므로 한 번의 실수로 폐인이 될 수 있다. 성도들은 목회자에게 단순히 높은 수준의 도덕성이 아니라 완벽한 수준의 도덕성을 요구하므로, 단 한 번의 실수일지라도 그 문제가 성도들에게 노출되면 이는 조그마한 구멍이 큰 댐을 무너뜨릴 수 있는 것처럼 그 순간에 목회자의 생명이 끝날 수 있다. 즉, 교회를 책임지고 있는 목회자에게 도덕성은 필수불가결한 요소로써, 있으면 좋고 없으면 아쉬운 것이 아니라 반드시 없어서는 안 될 덕목이다.

6) 리더십

여기에서 리더십은 카리스마, 통솔력, 비전 공유, 동기부여 등 사람을 움직이고, 회중을 리드할 수 있는 능력을 지칭한다. 더 넓은 리더십의 의미가 있을 수 있으나, 앞서의 다른 자질들과 같은 이유로, 논의를 위해 제한적으로 개념을 설정하였다. 따라서 리더십의 사전적인 의미를 중심으로 아래의 내용을 파악하고자 한다.

* 리더십이 있는 목회자는 교회를 하나로 만들면서 목회자가 의도하는, 궁극적으로는 하나님께서 의도하시는 바대로 교회를 바르게 이끌 수 있다. 그러한 교회는 성도들이 목회자를 우러러보며 성도들 스스로 각자의 개인적인 리더로서 목사님을 인정하므로, 목회자는 교회 전체의 믿음직한 리더가 된다. 이러한 교회는 강단에서의 설교 외에 일상 만남에서도 목회자의 입에서 나오는 모든 말에 순종하려는 의식이 교인들에게 강하게 내재되어 있다. 이러한 교회는 목회자에 대한 비난이 없으며, 혹시 일부에서 그러한 시도가 있더라도 비난하고자 하는 일부 세력에 대하여 교회 대다수가 동조하지 않는다. 심지어 그러한 불온세력은 무시당하고 저지될 수 있기 때문에 목회자에게 피해를 입히지 못한다.

* 반대로 목회자가 리더십이 없으면 교회 내에 여러 주인이 생기며 교인들이 목회자와, 또는 교인들끼리 서로 분쟁하며 대립을 나타낸다. 이런 교회는 대체로 의견을 하나로 모아서 강한 힘으로 일을 추진하기 어려우며, 사공이 많아서 배가 산으로 가는 현상이 종종 벌어진다. 리더십이 없는 목회자는 사람들의 의견에 쉽게 휩

쓸리며, 우유부단하여 쉽게 결정하지 못하고, 일단 결단을 내렸을 지라도 주변 환경이나 사람들에 의해 그 결정을 번복하거나 쉽게 변경한다. 이러한 현상은 일시적이면 당장 큰 문제는 없을 수 있지만, 장기적으로 반복되는 경우 목회자는 성도들의 신뢰를 잃게 된다. 목회자의 결정에 대해 재차 번복될 수 있다는 여지를 성도들이 항상 생각하기 때문이다. 결과적으로 교회는 바른 질서를 세울 수 없으며, 목회자로서의 정당한 권위와 위엄을 가질 수 없으며, 불순종적인 불온세력에게 기회를 주는 꼴이 되고 만다.

7) 열정

추진력, 승부욕, 포기와 좌절을 모르는 성향, 성실함, 애쓰고 노력함 등을 의미하는 열정은 위에서 논의한 모든 소양들의 에너지의 원천이다. 따라서 영성부터 리더십까지 6가지의 소양을 모두 갖추었더라도 열정을 갖지 못하면, 이는 꺼져가는 불꽃처럼 의미 없이 연기만을 피울 뿐이다.

* 주의 : 열정은 성실을 포함하는 상위 개념이지만, 성실과는 의미가 전혀 다를 수 있다. 어떤 목회자가 매우 성실한 사람이지만 반대로 전혀 열정 없는 사람일 수 있기 때문이다. 가령 맡겨진 일에는 그리고 꼭 해야 하는 일에는 매우 성실하지만, 새로운 일을 찾아서 하지 않거나 자신의 변화를 도전하지 않는 스타일이라면 이러한 사람은 결코 열정 있는 사람이라고 할 수 없다. 예를 들어 항상 80~90점만 꾸준하게 해내는 것이 성실이라면, 열정은 100점을 넘어 항상 120점을 노력하며, 더 나아가 200점을 꿈꾸며 도

전하는 것이 열정이다. 물론 모든 열정은 성실을 기본 바탕으로 하며, 성실함이 결여된 열정은 거짓 열정으로서 가치가 없다. 하지만 열정이 없는 성실의 경우, 스스로는 문제없다고 여기기 쉬우므로 더 위험하다. 이런 사람은 안일하게 성실하기만 하는 가운데 스스로를 좀먹을 위험이 크다. 이렇게 담임목사에게 성실을 넘어 열정이 요구되는 이유는, 교회의 최고위 리더로서 단순 업무의 반복이 아닌 비전 제시와 교회 경영 등의 창의적이고 능동적인 역할이 추가적으로 요구되기 때문이다.

* 열정이 있는 목회자는 쉽게 포기하지 않으며 강한 도전 정신을 갖고 있으므로, 교회가 쉽게 정체되지 않고 항상 살아 있고 생동감 있게 된다. 또한 교인들에게도 그 열정이 전달되므로 교인들도 그냥 예배만 왔다 갔다 하는 것이 아니라, 일꾼으로서 도전받게 되므로 의욕 있는 리더십과 일꾼들로 교회가 넘치게 된다. 목회자 한 사람의 하고자 하는 의지가 교인들에게 점차로 전파될 때, 궁극적으로는 교회 전체가 잠들어 있지 않고, 계속적으로 부흥의 행진을 해나갈 수 있다.

* 반대로 목회자가 열정이 없으며 교회는 침체된다. 침체되는 교회는 처음에는 성장을 멈추며, 둘째로는 그 현상 유지만을 하다가, 그 다음에는 점차 감소하더니, 종국에는 회복하기 힘든 약한 상태, 즉 침체기에 들어서게 된다. 그러한 교회는 새로운 것에 도전하는 정신이 약하며, 보수적이며 현 상태를 유지하는 것을 좋아한다. 다양한 활동에 관심이 적으며, 계속적으로 새로운 것을 만들

어 내고자 하는 의지 없이 기존에 하는 방식에 머물러 있다.

열정이 없는 목회자는 교회가 침체된 원인을 생각할 때 주변 환경, 과거의 문제 등 외부적인 것들에 현재의 원인이 있다고 생각한다. 심지어 교인들에게서 문제의 원인을 찾기도 한다. 간혹 목회자 자신에게서 어떠한 문제가 있다고 판단이 되었을 때에도, 열정이 없으므로 그것을 고쳐내려는 의지가 빈약하게 된다.

1) 미래목회포럼(대표 이성희 목사)이 주최한 '2009년 기획목회, 사역설명회'

교회건강연구원 이효상 목사가 말하는 '목회 본질'
부흥하는 교회에는 7가지 공통점이 있다. 남다른 이유가 있는 것이다.

첫째, 목회자의 자질과 리더십이 뛰어난 교회이다. 담임 목회자의 자질과 리더십이 교회성장의 주요 요인이 된 교회로써, 교회의 규모, 크기, 위치, 역사에 관계 없이 그것이 가장 중요한 핵심 성장 요인으로 드러났다.

둘째, 말씀 전파의 능력을 통해 공동체 문화를 만든 교회이다. 교회는 커뮤니티 능력에 따라 그 문화가 만들어진다. 설교는 그 공동체의 비전과 문화를 만드는 중요한 요소이자, 결정적인 키(key)가 된다.

셋째, 평신도를 동역화하는 교회이다. 평신도를 목회 동역자로 삼아 교회 성장을 도모하는 교회로써, 소형 교회보다 중대형 교회의 경우에 교회 성장의 대표적인 요인으로 나타났다. 소그룹 및 구역 훈련 등을 통해 조직을 체계적으로 운영하여 교회 성장을 이루는 교회다. 출석 성도가 200명 이상일 경우 훈련을 통해 특정 사역의 전문화를 추구함으로써 교회 성장을 이루는 교회인데, 교회의 크기나 규모보다는 사역 전문성의 개발 및 전문 사역자의 영입 여부가 성장의 주요 요인이다.

넷째, 체계적으로 전도하는 교회이다. 다양한 전도 프로그램과 훈련을 통해 지속적이고도 체계적인 전도를 실시함으로써 교회 성장을 이루는 교회다. 주로 출석 성도가 1,000명 이하인 교회의 주요 성장 요인이다.

다섯째, 하나님을 경험하는 영성 지향적 교회이다. 기도와 영성, 성령 충만한 예배를 통해 교회 성장을 이루는 교회로, 중대형 교회의 핵심 성장 요인이다.

여섯째, 지역과 함께 하는 선교 지향적 교회이다. 지역 사회와 주민들의 필요를 채워주는 교회로써, 선교는 교회의 규모나 위치에 상관없는 교회의 본질에 해당하는 주요 요인으로 나타났다. 교회의 존재 목적을 선교에 두고 선교 지향적인 목회를 통해 교회 성장을 이루는 교회인 것이다. 중대형 교회의 주요 성장 요인으로 나타났다.

일곱째, 분립 개척을 통해 재생산하는 교회이다. 중앙 집권적인 교회 성장보다 어느 정도 교회의 규모가 커지면 분립 개척하는 것을 지향하는 교회로써, 교회가 안고 있는 문제를 해결하는 데 효과적인 것으로 나타났다.

2) 대한예수교장로회 통합(총회장 지용수 목사) 총회 국내선교부는 최근 신년 목회계획 준비를 위한 수도권 세미나를 개최했다. 세미나에서 김명찬(대전신대 교수) 목사는 '21세기 교회 부흥의 7대 패러다임'을 소개해 관심을 모았다.

강력한 사명과 비전이 이끄는 교회, 치유와 회복의 역사가 나타나는 영성 체험이 있는 교회, 다양하고 감동적인 예배와 설교가 있는 교회, 다음 세대를 세워가는 교육 체계가 있는 교회, 전 교인이 참여하는 전도 축제가 있는 교회, 다양하게 열린 소그룹이 중심이 되는 교회, 문화와 봉사 등을 통해 지역의 필요를 채우며 섬기는 교회 등이다.

김 목사는 강력한 사명과 비전이 이끄는 교회에 대해 "성경의 가르침에 따라 교회의 목적과 중점 사역 및 핵심 가치 등을 명확히 선포하고 이를 실천하는 교회들"이라고 설명했다. 미국의 윌로우크릭 교회(빌 하이벨스 목사), 신양교회(이만규 목사), 고척교회(조재호 목사)가 사례로 꼽혔다. 치유와 회복의 역사가 나타나는 영성 체험이 있는 교회로는 새길교회(최성림 목사)가 제시됐다. 이곳은 성경 통독과 성경 쓰기, 열정적 찬양과 기도회, 다양한 관상 기도가 특징으로 지적됐다.

또한 김 목사는 다양하고 감동적인 예배와 설교가 있는 교회에 대해 "감동적인 설교와 문화적 코드 및 미디어를 통한 쌍방향적 예배를 드린다는 점이 특징"이라며 미국의 새들백교회(릭 워런 목사)를 사례로 들었다. 아울러 다음 세대를 세워가는 교육 체계가 있는 교회로는 동안교회(김형준 목사), 삼일교회(전병욱 목사) 등이 꼽혔다.

김 목사는 이들 7가지 패러다임이 완벽한 모델이 될 수는 없지만 부흥하는 교회들에서는 이와 같거나 유사한 특징들을 찾을 수 있다고 강조했다. 그는 "패러다임들을 통해 현재 자신의 목회를 진단해보고 각 교회의 강점과 약점을 찾아 강점에 집중하거나 약점을 보완하면 부흥의 구체적 결과들을 경험할 수 있을 것"이라고 말했다.

전도로 부흥하는 교회 만들기

1판 1쇄 발행 _ 2012년 10월 1일
1판 2쇄 발행 _ 2018년 10월 25일

지은이 _ 김재영
펴낸이 _ 이형규
펴낸곳 _ 쿰란출판사

주소 _ 서울특별시 종로구 이화장길 6
편집부 _ 745-1007, 745-1301~2, 747-1212, 743-1300
영업부 _ 747-1004, FAX 745-8490
본사평생전화번호 _ 0502-756-1004
홈페이지 _ http://www.qumran.co.kr
E-mail _ qrbooks@gmail.com / qrbooks@daum.net
한글인터넷주소 _ 쿰란, 쿰란출판사
등록 _ 제1-670호(1988.2.27)
책임교열 _ 김유미·이화정

 ISBN 978-89-6562-350-2 93230

책값은 뒤표지에 있습니다.